Hermann-Josef Frisch

Ostern
Auf uns wartet das Leben

AF219054

Hermann-Josef Frisch

Ostern

Auf uns
wartet das Leben

FSC
www.fsc.org
MIX
Papier aus ver-
antwortungsvollen
Quellen
Paper from
responsible sources
FSC® C105338

Dieses Buch ist eine überarbeitete und durch Fotos ergänzte Neuausgabe eines 2011 in Ostfildern erschienenen Bandes.
Biblische Zitate sind der Einheitsübersetzung entnommen.

Bibliografische Information der Deutschen Nationalbibliothek: Die Deutsche Nationalbibliothek verzeichnet diese Publikation in der Deutschen Nationalbibliografie; detaillierte bibliografische Daten sind im Internet über dnb.dnb.de abrufbar.

© 2022 Hermann-Josef Frisch
Foto Vorderseite: bemalte Eier aus der Ukraine,
Foto Rückseite: Die Auferweckung Jesu,
        Relief der Kirche Saint-Etienne,
        Schnersheim, Elsass, Frankreich
Satz und Layout: Hermann-Josef Frisch
Herstellung und Verlag: BoD – Books on Demand, Norderstedt
www.bod.de

Printed in Germany

Druck: ISBN   9783756229277

Bemalte Ostereier
in ukrainischer Tradition, dem Pysanka:
Ähnlich der Batik-Stofffärbung
werden beim Pysanka die Eier zuerst in hellen Farben gestaltet,
dann werden die hellen Stellen durch Wachs abgedeckt
und dunkle Farben aufgetragen.
Gestaltet werden vor allem Kreuze und florale Motive

Inhalt

Auf den Eingangsseiten zu jedem Kapitel findet sich neben einem besinnlichen Text jeweils ein Foto, das österliches Brauchtum zeigt.

Das Leben ist eine Reise, so sagt man
eine weite Reise, eine Fahrt über das Meer
ein Anstieg bis auf hohe Berge
ein Hinabsteigen bis ins tiefe Tal

Das Leben ist eine Reise, so sagt man
eine Reise ohne Wiederkehr
die jeden Tag nur vorwärts schreitet
bis hin zum letzten Lebensziel

Das Leben ist eine Reise, so sagt man
die Anfang kennt und auch ein Ende
voll von Gefahren und auch vielen Mühen
mit guten und mit schlechten Wegen

Dein Leben ist deine Reise, das weißt du
deine Reise, die du unternehmen musst
die allein dir aufgetragen ist
und die nur du zu Ende bringst

Dein Leben ist deine Reise, das weißt du
mit vielen Stationen von Anfang an
sie alle kennst du und sie prägen dich
was aber kommen wird, ist noch verborgen

Dein Leben ist deine Reise, das weißt du
mit vielen Windungen hin zum letzten Ziel
geh nur mit Mut und Zuversicht
blick doch nach vorn bei jedem Schritt

Sorbische Osterreiter aus Ostro mit Prozessionsfahnen,
in Nebelschütz, Landkreis Bautzen, Oberlausitz, Sachsen, Deutschland

Ein Wort zu Beginn

Vom Eise befreit sind Strom und Bäche
durch des Frühlings holden, belebenden Blick,
Im Tale grünet Hoffnungsglück;
der alte Winter, in seiner Schwäche,
zog sich in raue Berge zurück ...
Aus dem hohlen finstern Tor dringt ein buntes Gewimmel hervor.
Jeder sonnt sich heute so gern.
Sie feiern die Auferstehung des Herrn,
denn sie sind selber auferstanden ...
Aus der Kirchen ehrwürdiger Nacht
sind sie alle ans Licht gebracht ...
Zufrieden jauchzet groß und klein:
Hier bin ich Mensch, hier darf ich's sein.
Johann Wolfgang von Goethe, Faust I, Osterspaziergang

Frühling – neues Leben, Ende der Kälte und der Dunkelheit, Aufatmen und Hinausgehen in die freie Natur – der »Osterspaziergang« Goethes gibt mit kraftvollen Worten die Sehnsucht der Menschen wieder. Das Leben bricht neu auf – in der Natur, in den Menschen. Es gilt, das Leben zu feiern.

Nicht ohne Grund liegt das wichtigste Fest der Christenheit im Frühjahr; so wird sein Kerngedanke mit vorchristlichem Frühjahrsbrauchtum und mit dem neu aufbrechenden Leben ringsherum verbunden. Denn das ist Ostern: das *Fest des Lebens* schlechthin.

Nicht Weihnachten ist das Hauptfest der Christen, sondern *Ostern*. Hier konzentriert sich die Botschaft christlichen Glaubens im Bekenntnis:»Weil Gott Christus zu neuem Leben erweckt hat, dürfen auch wir Hoffnung auf Leben über den Tod hinaus haben.« Von Ostern leiten sich alle anderen christlichen Feste ab, auch die Feier des Sonntags. Die Feier von Ostern ist deshalb für den Christen unverzichtbar – hier finden wir zum innersten Geheimnis christlichen Glaubens, hier liegt der Grund christlicher Hoffnung, hier entscheidet sich alles.

Das gilt nicht allein für glaubende Christen, sondern ebenso für Menschen, die nach einem Standort im Leben suchen, die Fragen nach dem Sinn stellen, die über den Tod hinaus denken und hoffen wollen. Ostern führt – gleich ob man dem Glauben an die Auferweckung Jesu zustimmen kann oder nicht – zu den Grundfragen menschlichen Lebens nach Sterben und dem, was nach dem Tod kommt. Dies sind Fragen, die keineswegs nur glaubende Menschen angehen, sondern alle, die aufrichtig ihr Leben gestalten wollen. Es geht an Ostern (und an den Frühjahrsfesten anderer Religionen) um die grundsätzlichen Menschheitsthemen, die alle Völker, Kulturen und Religionen seit jeher bewegt haben.

Die Feier von Ostern bedeutet nämlich nicht allein die Erinnerung an ein unfassbares Geschehen damals, an die Erweckung dieses Jesus, den Christen als den Christus, den Gesandten und Gesalbten Gottes bekennen. Es geht ebenso um uns Menschen heute, um den sicher auf uns zukommenden persönlichen *Karfreitag* und um die glaubende Hoffnung auf unser persönliches *Ostern*. Auferweckung Jesu damals und unsere Hoffnung heute – das ist das Thema dieses Buches.

Einem so schwierigen und zugleich persönlich einfordernden Thema kann man sich auf verschiedene Weisen nähern. Hier geschieht dies nach einer kurzen Einleitung von der biblischen und theologischen Grundlage des Festes her und es wird untersucht, wie sich dieser Glaube der Christen in gottesdienstlichen, liturgischen Formen ausdrückt. Danach erfolgt ein Blick auf Name, Geschichte und Brauchtum von Ostern. Der Schluss beschäftigt sich mit Ostern als einem Fest der Menschen heute: Was bedeutet uns heute Ostern? Und wie können wir Ostern feiern? Wie kann uns Ostern zu einem *Fest des Lebens* werden, das Hoffnung schenkt?

Hermann-Josef Frisch

Blumen können sprechen, laut und deutlich
hast du sie noch nie gehört?
Dann mach dein Herz auf
höre und schau und spüre

Die Sonnenblume sagt dir voller Kraft:
Sieh auf das Leben
sieh auf die reiche Erde
sieh auf die Schönheit dieser Welt

Das Gänseblümchen tief am Boden
nur gebückt kannst du es verstehen:
Auch das Kleine hat sein Recht
auch das Kleine ist liebenswert

Die Kaktusblüte faszinierend schön
über spitzen Stacheln nach oben strebend:
Leben kennt beides – Stacheln und Blüte
Gut und Böse, Tod und Leben

Das Schneeglöckchen kennt eine andere Botschaft:
Hoffnung mitten in größter Kälte
neues Leben aus dem Tod
ein neuer Anfang nach der Starre

Die Rose flüstert Liebesworte:
Ich schenke mich dir ganz
komm du zu mir und halt mich gut
so bin ich dein ein und alles

Die Kirschblüte beeindruckend schön:
Alles hat seine Schönheit
doch alles vergeht wie der Wind
genieße den Tag, der dir geschenkt

Kirschblüte,
Nikko, Japan

Frühling –
Aufbruch zum Leben

Frühling lässt sein blaues Band
wieder flattern durch die Lüfte;
süße, wohlbekannte Düfte
streifen ahnungsvoll das Land.
Veilchen träumen schon,
wollen balde kommen.
Horch, von fern ein leiser Harfenton!
Frühling, ja Du bist's!
Dich hab' ich vernommen!
Eduard Mörike (1804–1875)

Der Frühling ist schon eine besondere Zeit. Während das Wort »Frühjahr« mehr auf die naturwissenschaftliche und meteorologische Seite abzielt, spielen bei »Frühling« emotionale Momente eine große Rolle. Der Frühling ist die Zeit der Jugend, des Aufbrechens, der liebevollen Gefühle, des Neubeginns und des neuen Lebensmutes. Nach der Dunkelheit des Winters und nach seinen kurzen Tagen ergeben sich bei zunehmendem Licht andere Möglichkeiten der Tagesgestaltung. Nach der Kälte nun ein Aufatmen im Sonnenlicht. Nach dem Verdorren und Innehalten der Natur im Winter nun überall ein Aufbrechen, die ersten Blüten, die ersten Bienen, die ersten zarten Blätter an den Bäumen.

Astronomisch ist der Frühling vom 20./21. März bis zum 21. Juni genau zu bestimmen; metereologisch umfasst er die Monate März, April und Mai. Beginnend mit dem ersten Blühen von Schneeglöckchen, Krokussen, Zaubernuss und Kornellkirsche steigert sich das Blumen- und Blütenmeer mit Narzissen, Tulpen, Hyazinthen hin zur Baumblüte unserer heimischen Obstbäume, der Apfel-, Kirsch- und Pflaumenblüte. Nach Eis und Schnee des Winters, nach der oft bedrückenden Dunkelheit der kalten Jahreszeit kommt nun in der Natur Farbe ins Spiel – das Leben wird endlich wieder bunt und schön.

Das wirkt sich auf die Stimmung der Menschen aus: Durch die Zunahme des Sonnenlichtes werden vermehrt die Hormone Serotonin und Dopamin – Glückshormone – ausgeschüttet. So können die Comedian Harmonists (1928–1935 in Berlin) passend singen: »Veronika, der Lenz ist da, die Mädchen singen tralala ...«

Es wundert auch nicht, dass es in vielen Kulturkreisen Frühlingsfeste gibt. Das größte in Europa ist das Stuttgarter Frühlingsfest, aber es gibt vergleichbare auch in München, Nürnberg, Zürich und anderen Städten. Bereits die alten *Kelten* kannten mit *Beltane* ein Frühlingsfest, das in der »Freinacht« zum 1. Mai (ähnlich Walpurgisnacht) begann. Es war ein Frühlings- und Fruchtbarkeitsfest mit den Themen Liebe, Wachstum, Reifen und Kreativität verbunden. Es war zudem eine heilige Zeit, in der der Übergang von der »Dieswelt« zur jenseitigen »Anderswelt« leichter als sonst möglich war. Man schmückte das Haus mit frischem Grün – der noch heute gepflegte Brauch des Maibaums hat hier seinen Ursprung. Auch gab es Freudenfeuer an markanten Plätzen wie etwa auf Bergkuppen – das christliche Osterfeuer (vgl. Seite 140) kann hierzu in Beziehung gesetzt werden.

In anderen Kulturen sind mit dem Frühlingsfest andere Akzente verbunden. In *Japan* wird von Ende März bis Anfang Mai regional unterschiedlich *Hanami* (»Blüten betrachten«) gefeiert. Dabei sind bei der nur wenige Tage dauernden Kirschblüte die Aspekte Schönheit und Vergänglichkeit wichtig. Zum Kirschblütenfest begibt man sich mit der Familie oder den Arbeitskollegen in einen Park und setzt sich unter die blühenden Bäume. Gutes Essen und reichlich Sake (Reiswein) lassen die Stimmung steigen. Nachts werden die Blütenbäume mit Scheinwerfern angestrahlt.

In *China* gibt es das chinesische Frühlingsfest *(chunjié)*, das meistens Neujahrsfest genannt wird, weil es den Beginn des chinesischen Mondjahres markiert. Es wird zwischen dem 21. Januar und dem 21. Februar gefeiert und ist in erster Linie ein Familienfest. Der Legende nach kam früher jedes Jahr am Jahreswechsel ein riesiges Monster aus den Bergen in die Orte der Menschen. Es konnte nur mit viel Lärm, viel Feuer (Feuerwerk) und viel roter Farbe vertrieben werden. Auch der chinesische Löwentanz gehört in diesen Zusammenhang. Für das Frühlingsfest ist eine entsprechende Vorbereitung nötig: Man lässt sich vorab die Haare schneiden, kauft neue Kleider und streicht das Haus neu. Am Vorabend gibt es ein Festessen, bei dem man Tür und Fenster öffnet, um das Glück des neuen Jahres einzulassen. Wichtig ist auch das Gedenken der Verstorbenen, der Ahnen, mit denen man über den Tod hinaus verbunden ist. Das Frühlingsfest schließt am 15. Tag mit dem Laternenfest *(yuanxiao)*, zu dem riesige Papierlaternen angefertigt werden. Beim Laternenfest essen die Familien Klöße aus klebrigem Reis – entsprechend soll die Familie auch künftig einträchtig zusammenhalten.

Unter den vielen Frühlingsfesten sei hier nur noch auf das altiranische *Nouruz* verwiesen, das gleichzeitig Neujahrsfest ist. Heute spielt es bei Iranern, Kurden und Turkvölkern (Türken, Aseris ...) und auch in der Religionsgemeinschaft der Bahai eine Rolle. Das am 20./21. März gefeierte Fest ist sogar von der Unesco als Menschheitskulturerbe anerkannt und soll als Volksfest mit Reiterspielen aus der Zeit der Achämeniden (8.–4. Jahrhundert vor Christus) stammen. Heute herrschen in diesem vorislamischen Fest (das seine Wurzeln im Zoroastrismus hat) Übergangsrituale vor: Es gibt neue Kleidung, Feuer werden angezündet und Altes verbrannt, Tanz und Gesang vereinen die Menschen. Ein Festessen besteht aus sieben Speisen, die sieben Tugenden symbolisieren – so sollen die Menschen zu umfassender Tugend ermuntert werden. Ein wichtiger Gedanke von Nouruz ist auch, dass man die Verstorbenen auf den Friedhöfen besucht und so auf eine Gemeinschaft über den Tod hinaus verweist. Im Iran ist Nouruz (auch Nowruz) nicht der Jahresbeginn. Dieser wird entsprechend islamischem Brauch nach dem Mondjahr festgelegt, Nouruz richtet sich dagegen nach dem astrologischen Frühjahr des Sonnenjahres.

All die verschiedenen, hier nur exemplarisch aufgeführten Frühlingsfeste und Bräuche zeichnen sich durch dieselben Grundgedanken aus:

• Es geht um einen *Neubeginn*. Das bezieht sich nicht allein auf die aufblühende Natur, sondern auch auf die Menschen, auf ihre Beziehungen zueinander (etwa Familie, Vorfahren [Ahnen], Freundes- oder Kollegenkreis), auf ein stimmiges Miteinander und auf umfassende Gemeinschaft.

• Es geht um Schönheit und *Freude*. Freudenfeuer, gemeinsames Essen und Trinken (manchmal bis zum Rausch), Tanz und Musik, ausgelassenes Miteinander (etwa Walpurgisnacht) sind wichtige Elemente. Das Leben ist schön, so die Botschaft. Es lohnt sich, das Alte, Kalte, Dunkle hinter sich zu lassen und sich nach Neuem, Warmen, Hellem auszurichten.

• Es geht um *Offenheit*. Dies im Blick auf neue Erfahrungen, aber auch im Blick auf eine Anbindung des Menschen an ein Jenseits, von der »Dieswelt« hin zur »Anderswelt«, von diesseitigem Leben, das begrenzt und vom Tod bedroht ist, hin zur Hoffnung auf unbegrenztes Leben.

• Es geht um *Leben*. Neue Lebenskraft, Fruchtbarkeit, Überwindung bedrohlicher Mächte (ui diesen gehört insbesondere der Tod) sind bestimmend. Frühlingsfeste sind *Lebensfeste*.

Mit den genannten Stichworten ergeben sich Berührungspunkte mit der christlichen Feier von Ostern. Dies wird in den folgenden Abschnitten deutlicher werden. Doch zuerst fragen wir nach Erfahrungen mit Tod und Leben mitten in unserem Alltag und nach der Antwort der Christen darauf. Danach soll das christliche Osterfest aus der Gründungsurkunde der Christen, den biblischen Schriften des Neuen (und Ersten, Alten) Testaments heraus aufgezeigt werden.

Wasser

So bitte ich dich:
Taufe mich mit dem Tau, dem süßen
dass er abwasche von mir
allen Hass und alle Bosheit

Mach mich rein im Denken und Tun
Lass mich aufwachen
zu wirklicher Erkenntnis

Lass mich dankbar sein
für alles Erbarmen
das du über mich ausgießt.

Lass mich mein Vertrauen setzen
auf dich,
auf die Lehre
und auf die Gemeinschaft.

Wasser ist ein erstes Grundsymbol aller Religionen.
Der Text ist ein buddhistischen Gebet zu Guanyin,
dem Bodhisattva der Barmherzigkeit.
Doch Menschen aller Religionen
können diese Bitte aussprechen.

Der Psalm 36,10 fasst die Erfahrungen
aller Religionen zusammen im Satz:
Bei Gott ist die Quelle des Lebens.

Osterbrunnen,
Ipsheim, Mittelfranken, Bayern, Deutschland

Christen sind Protestleute gegen den Tod

Mitten wir im Leben
sind mit dem Tod umfangen.
Wer ist, der uns Hilfe bringt,
dass wir Gnad erlangen.
Nach einem Hymnus aus dem 11. Jahrhundert

Sterben und Tod sind in unserer Zeit immer mehr zu Tabuthemen geworden, die in Randbereiche der Gesellschaft (etwa die Sterbezimmer unserer Kliniken) abgeschoben und im Alltagsleben nicht in den Blick genommen werden. Man kann fragen, warum dies so geschieht, denn dass der Tod zum Leben dazugehört, ist uns rein verstandesmäßig schon bewusst. Dennoch wehren wir uns gegen den Gedanken an den Tod – vielleicht aus dem Gefühl der Ohnmacht heraus, dass wir letztlich gegen den Tod doch nichts unternehmen können. Mit allem wird der Mensch fertig und glaubt zumindest, durch Fortschritt der Technik und größeres Wissen irgendwann damit fertig zu werden. Gewiss, den Tod kann man weiter hinausschieben, aber verhindern kann man ihn nicht.

Jede Geburt ist Geburt zum Tode hin; dies haben viele Philosophen und Dichter immer wieder betont. Ein chinesisches Sprichwort sagt:»Der Kluge weiß, dass der Tod immer in seiner Nähe ist.« Der Philosoph Albert Camus schrieb:»Wir sind alle zum Tod verurteilt.« und der Dichter Walter Moers rief ins Bewusstsein:»Der Tod wohnt in uns allen.« Rainer Maria Rilke dichtete:»Der Tod ist groß. Wir sind die Seinen lachenden Munds. Wenn wir uns mitten im Leben meinen, wagt er zu weinen mitten in uns.«

Es gilt: Der Tod ist unabänderlich; wenn eines auf dem Lebensweg jedes Menschen sicher ist, dann ist es der Tod.

Somit ist jedes Leben vom Tod geprägt. Der Tod ist der Horizont jedes Lebensweges.

Dies alles führt den Menschen zur Frage, wie er mit seiner Sterblichkeit und dem sicheren Tod umgeht. Es führt zur Frage nach seinem persönlichen Weltbild, nach seinem Lebenskonzept, nach seinem Glauben. Auch wenn diese Frage über weite Lebensabschnitte verdrängt wird, sie stellt sich irgendwann unausweichlich.

Der Tod nämlich begegnet uns mitten im Leben. Nicht nur der ferne Tod in den Katastrophen und Kriegen unserer Welt, dem wir durch die Medien begegnen, macht uns betroffen, sondern stärker natürlich der Tod im Nahbereich, der Tod von Angehörigen, von Freunden, von Nachbarn, von Berufskollegen. Vor allem aber gewinnt die Frage nach dem Tod eine tiefere Dimension, wenn man nicht an das Sterben anderer denkt, sondern an das Ende des eigenen Lebens, wenn man also selbst existenziell betroffen ist.

Zudem kann es hilfreich sein, das Thema Sterben und Tod auszuweiten: Es gibt nämlich viele Erfahrungen von Tod bereits vor dem physischen Ende eines Menschen. Schon unsere Sprache verrät uns: Wir haben einen toten Punkt, wir schweigen etwas tot, wir können todmüde sein oder eine Todesangst haben, wir werfen jemandem tödliche Blicke zu, wir sagen: Der ist für mich gestorben, er ist mein Todfeind ... Krankheiten sind »Boten des Todes« und man kann »aussehen wie der Tod von Basel« (schlecht, totenblass), »wie der Tod auf Urlaub«. Manchmal sind wir »todsicher« von etwas überzeugt. Von der Wortentstehung her hat das deutsche »tot, Tod« (das englische »dead«) mit »hinschwinden« zu tun, mit sich auflösen und verschwinden.

Erfahrungen mit *Tod mitten im Leben* entstehen schon bei jedem Abschied, dann, wenn man aufbricht und jemanden oder etwas zurücklässt. Aber stärker wird Tod mitten im Leben deutlich, wenn ich merke, dass mich jemand hasst, wenn mein Engagement nicht gewürdigt, sondern verhindert wird, wenn guter Wille, Kreativität und Fantasie zunichte gemacht werden, wenn Kleinlichkeit, Engstirnigkeit und Ängstlichkeit jeden neuen Ansatz verhindern. Töten muss keineswegs heißen, jemandem ein Messer zwischen die Rippen zu stoßen. Schon Beleidigung und Verleumdung können ein Töten sein (vgl. auch die Bergpredigt, Matthäus 5,21–22). Jemanden in Angst und Abhängigkeit halten, jemanden abschieben, weil er unbequem ist, jemandem Lebensmöglichkeiten verweigern und Chancen für die Zukunft nehmen – all das und vieles andere ist Tod mitten im Leben. Es gibt den sozialen Tod, wenn Menschen ausgegrenzt werden; es gibt den Beziehungstod, wenn Menschen sich nicht mehr verstehen; es gibt vielerlei Erfahrungen von Sinnlosigkeit und mangelnder Zukunftsperspektive – der Tod ist mitten in unserem Leben.

Viele sind in solcher Weise tot und gehen am Leben vorbei. Sie suchen sich Ersatzbefriedigungen aus unerfüllter Sehnsucht nach einem gelingenden Leben, setzen nur auf Macht, auf Geld, auf Karriere oder anderes. Eigentlich sind solche Menschen schon tot; wenn sie dann wirklich sterben, scheint das nur eine Bestätigung ihres bisherigen Zustands zu sein.

Wie also mit dem Tod umgehen?

- Eine resignative Haltung liegt nahe: »Gegen den Tod kann man nichts machen« oder »Sterben muss jeder«. Eine solche Haltung finden wir in der Bibel etwa im Buch Kohelet, wo es heißt: »Alles ist Windhauch und Luftgespinst« (vgl. Kohelet 1,12–2,23). Der Dichter Bertolt Brecht sagt: »Ihr sterbt mit allen Tieren. Und es kommt nichts nachher ... Es gibt keine Wiederkehr.« Mit dem Tod also ist alles aus; man braucht sich keine Gedanken zu machen, was danach ist. Der Tod ist der »Pendelschlag im Rhythmus des Lebens«; was ins Leben getreten ist, muss auch wieder untergehen, ein natürlicher Prozess, nichts anderes.

- Andere sehen den Tod als die Erlösung vom Leiden, das jeden Menschen unterschiedlich trifft. Der Tod ist dann nach all dem Leid die ersehnte Ruhe, ist ein »Verwehen des Lebens« heraus aus aller Not, wie eine Kerze erlischt. Wolfgang Amadeus Mozart etwa schreibt:»Da der Tod der wahre Endzweck unseres Lebens ist, so hab ich mich mit diesem besten Freund des Menschen so bekannt gemacht, dass sein Bild nichts Schreckliches mehr für mich hat, sondern recht viel Beruhigendes und Tröstendes.«

- Wieder andere sehen den Tod als den bedeutendsten Feind des Menschen an, der mit allen Mitteln bekämpft werden muss – Lebensverlängerung um jeden Preis. Doch ist der Kampf gegen den Tod nicht von vornherein verloren? So richtig es ist, gegen jeden vom Menschen schuldhaft verursachten Tod vorzugehen (Krieg, Hunger, Verbrechen), und so richtig es auch ist, Kranken und Behinderten, soweit es möglich ist, neue Lebenschancen zu geben – Lebensverlängerung um jeden Preis beruht letztlich auf der Annahme, dass eben nach dem Tod nichts mehr kommt und das Leben deshalb bis auf die letzte Sekunde auszukosten ist.

- Alle Religionen der Welt verstehen den Tod als »Grenzüberschreitung«. Er ist ein Durchgang in eine andere Existenz, ein Tod zu etwas Neuem. Franz von Assisi bezeichnet den Tod als »Tor zum Leben«. Die hinduistische Bhagavadgita (2,22) führt aus:»Wie ein Mensch die abgetragenen Kleider ablegt und andere, neue nimmt, so lässt der Bewohner des Leibes die abgetragenen Körper zurück und geht in andere, neue ein.« Die Religionen der Welt fordern Menschen zur Hoffnung heraus: Sie künden in einer bildhaften, symbolischen Sprache (anders geht es nicht) von der Hoffnung, dass das Ende ein Anfang sei, der Tod ein Tor und dass Menschen zu einem Leben in Vollendung berufen sind.

In allen Religionen und Kulturen gibt es deshalb einen Totenkult, ein Verehren der Ahnen oder ein Gedenken der Verstorbenen. Die Bilder, die für das Jenseits der Toten gewählt werden, sprechen von einem *Glücksland* (Mahayanabuddhismus: Sukhavati, das Paradies des Westens), von einem *Garten*, überreich an Wasser und Blumen (altpersisch: »paradaeza« = »Umzäunung [eines Gartens]«, von da aus Aufnahme in das biblische Hebräisch »pardes«, griechisch »paradeisos«; ähnlich im Chinesischen »leyuan« = »fröhlicher, glücklicher Garten«), von einer goldenen Stadt (Offenbarung 21), von Befreiung (hinduistisch »moksha«) und dem Eingang des Menschen in den göttlichen Urgrund (Atman in Brahman). Auch das buddhistische »Nirvana« wird mit »Nichts« falsch übersetzt. Es bedeutet Ruhe und Frieden, die Vernichtung von Leid, höchstes Glück, Stille und Vollkommenheit.

Unterschiedliche Auffassungen gibt es über das Leben nach dem Tod. Nach einer Umfrage glauben 40 % der Deutschen daran (wie auch immer das konkret vorgestellt wird), etwa gleich viele sagen Nein dazu, der Rest äußert sich nicht. Es lässt sich nicht beweisen, dass mit dem Tod alles zu Ende ist. Es lässt sich ebenso wenig beweisen, dass nach dem Tod etwas Neues kommt. Somit bleibt es für unseren Verstand offen, was unsere Zukunft sein wird. Der Renaissancedichter François Rabelais (1494–1553) sagte in seiner Sterbestunde: »Ich gehe also, das große Vielleicht zu sehen ...«

So lassen sich die Botschaft der Religionen und die Sehnsucht vieler Menschen im folgenden Spruch zusammenfassen:

»Vielleicht ist es kein Weggehen,
sondern ein Zurückgehen.
Vielleicht gehen wir nicht ins Nichts,
sondern nach Hause.
Vielleicht ist nicht die Frage wichtig: Was erwartet uns?,
sondern die Hoffnung: Wir werden erwartet.«

An dieser Stelle mit der Frage nach dem Tod, den vielen kleinen Toden mitten im Leben und nach der Hoffnung über den Tod hinaus gewinnt die Sicht christlichen Glaubens eine neue Bedeutung. Christen können die unabweisbare Frage nach dem Tod nicht einfach mit einem »Aber ich glaube dennoch!« abtun. Vielmehr müssen sie sich solchen Fragen stellen: »Seid stets bereit, jedem Rede und Antwort zu stehen, der nach der Hoffnung fragt, die euch erfüllt« (1 Petrus 3,14). Und Christen haben eine Antwort!

Gegen die »Allgegenwart« des Todes mitten in unserem Leben setzen Christen etwas anderes: Sie verstehen sich als *»Protestleute gegen den Tod«* in umfassendem Sinn. Sie setzen dagegen: Der Tod ist nicht das Ende – nichts anderes zeigt die österliche Botschaft von der Auferweckung Jesu. Das Leben geht über den Tod hinaus, ja, mitten im Tod gibt es neues Leben. Denn christlicher Glaube ist der Glaube an einen Gott der Lebenden, nicht der Toten. Christen sind in ihrer Bindung an Gott, den Freund des Lebens, selbst Freunde des Lebens. Sie trauen dem Guten inmitten von belastetem Leben. Sie haben Hoffnung wider alle Hoffnung. Sie setzen Vertrauen gegen das Böse und die ständige Enttäuschung. Christen vertrauen darauf, dass Gott eine gute Zukunft für Welt und Menschen will.

Und all das bekennen und feiern sie an Ostern. Ostern ist die Grundlage ihrer Hoffnung, das Fundament ihres Vertrauens, die entscheidende Basis ihres Glaubens. Christen sehen Ostern von da aus wirklich als Fest, als etwas, was zu feiern ist. Ebenso aber bedeutet Ostern für sie eine lebenslange Aufgabe, die Aufgabe, Menschen »aufstehen« zu lassen, Auferstehung mitten im Leben ebenso erfahrbar werden zu lassen, wie der Tod mitten im Leben erfahrbar ist. Christen nehmen sich an Ostern vor, mit Wachsamkeit und Mut gegen die vielen Tode um uns vorzugehen. Sie wissen sich gestärkt und geführt durch den guten Geist Gottes, der die Kraft hat, Totes zum Leben zu erwecken. Christen wissen also: Ich kann etwas gegen den Tod mitten im Leben unternehmen – das aber gibt mir Hoffnung auch über den Tod am Ende hinaus.

Christen sind Protestleute gegen die vielen kleinen Tode mitten im Leben. Sie sind dadurch aber auch Protestleute gegen den »großen« Tod am Ende eines jeden Lebens. Sie bekennen, dass jeder Lebensweg nicht nur seinen Anfang in Gott hat, sondern auch sein Ende in ihm findet und deshalb von einem letzten Sinn erfüllt, von einem letzten Halt gestützt, auf ein letztes Ziel ausgerichtet ist. Sie bekennen, dass dieses Ziel Gott selbst ist. *Wie* das geschehen kann, davon sprechen sie eher stammelnd in Bildworten und Metaphern. Sie reden von Schalom und Heil, von ewigem Glück und dauerhafter Freude, vom Reich Gottes und vom himmlischen Jerusalem. Sie wissen aber, dass all ihr Sprechen und Denken niemals ausreicht, das letzte Ziel angemessen zu beschreiben. Dennoch bekennen sie, dass der Tod nicht das Ende ist, sondern dass der Herr sie befreien wird. Christen sind von ihrem Glauben her grundsätzlich *österliche Menschen*. Ihr Lied ist das »Halleluja« (hebräisch »Lobt Gott!«).

Christen als Protestleute gegen den Tod können mit dem evangelischen Pfarrer und Widerstandskämpfer Dietrich Bonhoeffer sagen: »Der Tod ist der Horizont des Lebens – aber der Horizont ist nur das Ende unserer Sicht.« Und: »Wer Ostern kennt, kann nie verzweifeln.« Christen können dem Dichter Novalis (Friedrich von Hardenberg, 1772–1801) zustimmen, der sagte: »Wohin gehen wir? Immer nach Hause.« Sie können mit dem Benediktiner und zugleich Zenmeister Willigis Jäger sagen: »Der Tod ist der Kuss Gottes, der mich auferweckt in ein neues Sein.« Und: »Warum sollte ich Angst haben, dass mein Schiff untergeht, wo doch Gott das Meer ist, in das es versinkt?«

Ein alter Afrikamissionar in Zaire fasst seine Lebenserfahrung in einem Land voller Hunger und Krieg zusammen: »Der Tod ist nicht das Schlimmste, das auf uns zukommt. Schlimmer wäre es, wir scheiterten an unserer Menschlichkeit.« In diesem Sinn sind Christen Protestleute gegen den Tod – gegen die vielen kleinen Tode mitten im Leben und gegen den großen Tod am Ende.

Doch worin gründet diese Hoffnung der Christen? Ist sie nicht nur *Projektion*, bei der wir uns ein »verschönertes Dasein« vorstellen und in den Himmel setzen? Ist ein solcher

Glaube an ein Jenseits nicht *Vertröstung*: Weil es in diesem Leben so viel Leid gibt, hoffen wir auf einen besseren Himmel? Ist die Hoffnung auf Leben nach dem Tod nicht *Regression*, kindliches Wunschdenken, weil man die harte Realität des Lebens nicht aushält. Sind Glaube und Hoffnung der Christen nicht nur *Illusion*, ein Wunschtraum, der das Leben versüßt, ein Produkt schöpferischer Fantasie, ein Ergebnis des menschlichen Triebes nach Glück?

Das folgende Kapitel betrachtet die biblische Botschaft zu Tod und Leben und formuliert die christliche Antwort auf die Frage nach Leben und Tod von der Gründungsurkunde christlichen Glaubens her.

Noch unten an der Himmelsleiter
stehen wir
der Erde entwachsen
die Füße auf dem Boden
doch die Hände schon an der Leiter
und vor allem
den Blick nach oben gerichtet

Noch unten an der Himmelsleiter
stehen wir
fast bewegungslos
wie gelähmt von Erdenschwere
doch das Herz schon hüpfend
und vor allem
die Hoffnung nach oben gerichtet

Noch unten an der Himmelsleiter
stehen wir
gerade mal aufgerichtet
mit Mühe und Not
doch die Seele schon im Flug
und vor allem
im Glauben nach oben gerichtet

Vergoldetes Prozessionskreuz
bei einer Prozession in der Semana Santa (Heilige Woche),
Sevilla, Andalusien, Spanien

Ostern –
die Botschaft der Bibel

Christus ist für unsere Sünden gestorben,
gemäß der Schrift,
und ist begraben worden.
Er ist am dritten Tag auferweckt worden,
gemäß der Schrift,
und erschien dem Kephas, dann den Zwölf.
Danach erschien er mehr als fünfhundert Brüdern zusammen
... und allen Aposteln.
Als letztem von allen erschien er auch mir.

Paulus, 1. Korintherbrief 15,3–6

In der Mitte des christlichen Glaubensbekenntnisses, in der Mitte des Kirchenjahres, in der Mitte des Osterfestes stehen das Bekenntnis und die Feier der Auferweckung Jesu aus dem Tod: Der Gekreuzigte ist der Auferweckte, sein Tod am Kreuz war nicht das Ende, vielmehr schenkt Gott seinem Christus (»Gesalbten, Gesandten«) neues Leben.

Christen entnehmen diese innere Mitte ihres Glaubens ihrer Heiligen Schrift, der Bibel, besonders den Schriften des Neuen Testamentes. Um den Sinn und die Gestalt des Osterfestes zu verstehen, ist es deshalb notwendig, das Zeugnis der biblischen Schriften in seinen Grundzügen darzulegen.

Für Christen ist die Bibel die »Heilige Schrift«. Sie verstehen sie als Wort Gottes an die Menschen und als eine an die damalige Sprache und Umwelt gebundene (und so menschliche), aber dennoch darüber hinausgehende und für alle Zeiten verbindliche Begegnung mit dem Wort Gottes (damit »göttliche« Schrift). Die Bibel zeigt nicht als einzige Schrift der Menschheit die Offenbarung Gottes auf, aber sie tut es nach Auffassung der Christen in einer einzigartigen Weise. Die biblischen Texte werden als Zuspruch der Liebe Gottes an Menschen aller Zeiten verstanden und zugleich als Ermunterung und Aufruf zu einer Antwort des Glaubens auf das Wort Gottes.

Dabei besteht die Bibel, auch das Neue Testament, aus sehr unterschiedlichen Schriften, die von verschiedenen Verfassern in unterschiedlichen Situationen entstanden sind. Die Verfasser haben dabei die Geschichte Gottes mit den Menschen nicht einfach dargestellt, sondern immer von ihren Voraussetzungen her bereits gedeutet. Solche unterschiedlichen Deutungen finden sich auch dort, wo das Neue Testament vom Leiden, Sterben und Auferstehen Jesu spricht.

Vor einer Behandlung der »österlichen« Texte des Neuen Testamentes muss etwas Grundsätzliches zur Gestalt und zum Verständnis dieser biblischen Texte gesagt werden.

Die Sprache der Bibel – gedeutete Erfahrungen

Alle neutestamentlichen Berichte über Jesus, sein Leben, Sterben und Auferstehen sind keine Protokolle von Augenzeugen, keine im strengen Sinn »objektiven« Darstellungen. Alle Texte nämlich sind weit *nach* Ostern entstanden und deshalb geprägt vom Glauben der ersten Gemeinden, die ihre Bindung an Jesus und ihr Bekenntnis zum Christus Gottes immer wieder reflektierten und dann in vielfältigen Bildern und Erzählungen, in metaphorischer Sprache und unterschiedlichen Deutungsversuchen ausdrückten. Neutestamentliche Texte sind deshalb immer *Erfahrungen, die aus dem Glauben heraus gedeutet wurden.*

Das gilt in herausragender Weise von den Ostererzählungen. Gewiss, wir würden für unseren eigenen Glaubensweg gerne einen objektiven Bericht von der Auferstehung Jesu hören, eine historisch belegbare Aussage, wir hätten gern einen Beweis für ein konkret fassbares Geschehen. Dies aber muss uns von der Sache her verwehrt bleiben.

Ostererzählungen sind Glaubenstexte, keine zwingenden Beweise.

Anders als bei den Erzählungen über den Lebensweg Jesu, über seine Begegnungen mit Menschen und seine Heilungen, auch über sein Leiden und Sterben, gelangen wir nämlich bei den Auferstehungserzählungen in eine andere Sprachweise, die unsere Alltagssprache und gewöhnlichen Verständnismöglichkeiten übersteigt. Die Kreuzigung Jesu ist ein historisch greifbares Ereignis, das auch entsprechend sprachlich fassbar ist. Mit der Auferweckung Jesu aber gelangt man in eine grundsätzlich andere Dimension. Die biblischen Erzähler wollten letztlich Unfassbares ausdrücken, das jede Alltagswahrnehmung übersteigt, transzendiert. Dies war und ist nur möglich in einer bildhaften und metaphorischen Sprache.

Weil die Auferweckung Jesu ein solch grundsätzlich anderes Geschehen jenseits dieses Lebens und damit auch jenseits seiner sprachlichen Möglichkeiten ist, kann es keinen geschichtlichen oder naturwissenschaftlichen Beweis für die Auferstehung geben. Niemand war Augenzeuge, niemand kann das Geschehen in Versuchen nachstellen – es geht um völlig Neues, bisher nicht Erfahrenes.

Dennoch berührt die Auferweckung die Geschichte von Menschen: Denn dieses Geschehen der Auferweckung hat – geschichtlich fassbar – etwas in Menschen ausgelöst. Es wurde zum Grund dafür, dass eine erste Gemeinde und damit Kirche überhaupt entstand, dass die Botschaft Jesu vom beginnenden Reich Gottes und schließlich von ihm als dem Christus Gottes verkündet wurde, dass liturgische Feiern wie Taufe und Eucharistie entstanden, dass die Schriften des Neuen Testamentes geschrieben wurden, dass die christliche Religion entstand und in der ganzen Welt verbreitet wurde.

Wir können historisch und mit unserer Welterfahrung und Sprache nicht bis zum Geschehen der Auferstehung gelangen, wir können aber wohl historisch und mit unserer Sprache dem nachspüren, was die Auferweckung Jesu be-

wirkt hat. Wir können die Erfahrungen benennen, die Menschen machten und die in den neutestamentlichen Texten durchscheinen.

Es muss etwas vorgefallen sein, das die Jüngerinnen und Jünger nach dem schrecklichen Geschehen der Kreuzigung Jesu entgegen aller Hoffnung stärkte. Etwas Neues muss begonnen haben, das diese zuerst mutlosen, resignierten Menschen verwandelte. In besonderer Weise zeigen die beiden Emmausjünger diese Verwandlung auf (vgl. Lukas 24,13–35). Etwas hat das Leben dieser Menschen total verändert, so sehr, dass sie ihr ganzes Leben nunmehr in den Dienst der Verkündigung dieses Ereignisses stellten.

Ihre Erfahrungen waren diesen Menschen so bedeutsam, dass sie andere daran teilhaben lassen wollten. Doch wie sollten sie dies tun? Wie konnten sie ihre inneren Erfahrungen, ihre Begegnungen mit einer neuen Wirklichkeit, mit dem Auferstandenen ausdrücken und in Sprache bringen? Jeder Versuch, dies zu tun, musste unweigerlich zu kurz greifen. Dennoch haben die ersten Gemeinden dies immer wieder versucht; die »österlichen Texte« des Neuen Testamentes entstanden.

Dabei griffen sie auf alttestamentliche Traditionen zurück, nutzten Sprachformen und Bildworte, religiöse Metaphern und Legenden, um das eigentlich nicht Aussagbare dennoch in Sprache zu bringen und vermitteln zu können. Sie nutzten Vorstellungen, die im Judentum, aber auch in umliegenden Kulturen bereits vorhanden waren. Dies geschah in unterschiedlicher, manchmal sich ergänzender oder auch widersprechender Weise. Immer aber wird deutlich: Es geht bei den Ostererfahrungen der Jünger und den religiösen Deutungen der ersten Gemeinden darum, dass etwas Neues in die Geschichte der Menschen eingebrochen ist, dass das Leben den Tod überwunden hat, dass der Gekreuzigte lebt und der zu Gott Erhöhte ist.

Für ihre Verkündigung in Missionspredigten und in Taufe und Eucharistie entstanden so »Kurzformeln des Glaubens«, kleine Glaubensbekenntnisse, die das Geschehen mit Vorstellungen etwa aus dem Alten Testament deuteten: Da wird von Erhöhung eines erniedrigten Menschen gesprochen – die Gottesknechtlieder (Jesaja 42; 49; 50; 53) geben ein Modell dafür ab; da geht es um Entrückung und Erhöhung in das Reich der Himmel – die Auffahrt des alttestamentlichen Elija ist dafür ein Vorbild (2 Könige 2,11); da geht es um einen neuen Bund, wie ihn der Prophet Hosea angekündigt hat (Hosea 2,18–25); da geht es um Totenerweckungen, wie sie beispielhaft von Elija (1 Könige 17,8–24) und Elischa (2 Könige 4,8–37) erzählt werden.

Doch all dies sind nur Versuche, das Geschehen in angemessener Weise wiederzugeben. Auffallend ist allerdings in den Ostertexten der Evangelien, dass nirgendwo die Auferweckung Jesu selbst berichtet wird. Immer geht es um das Geschehen danach, um das, was danach ausgelöst und bewirkt wurde, es geht um *bildhafte* Versuche, das Neue auszudrücken, etwa im Sprachbild vom »leeren Grab«; es geht darum, was die Auferweckung in glaubenden Menschen bewirken kann – damals wie heute.

Gott ist ein Freund des Lebens –
die alttestamentlichen Grundlagen

Jesus war Jude und lebte aus der jüdischen Tradition heraus; seine Jüngerinnen und Jünger waren es ebenso. Besonders Paulus war aufgrund seiner pharisäischen Ausbildung in Jerusalem tief im Judentum verwurzelt. Das bedeutet, dass die Kirche des Anfangs einen Zweig aus der Wurzel des Judentums darstellt (vgl. Römerbrief 9,4–5 und 11,18 das Bild von der Wurzel und den Zweigen). Somit ist auch die Hebräische, Jüdische Bibel (in etwa das christliche Erste, Alte Testament) die Bibel Jesu, der Apostel und der Kirche des Anfangs. Die neutestamentlichen Schriftsteller konnten bei ihren Versuchen, das Geschehen um Jesus zu deuten, nicht anders vorgehen, als sich der Traditionen, Begriffe und Sprachbilder der Hebräischen Bibel zu bedienen. So müssen wir vor der Behandlung der neutestamentlichen Texte einen Blick auf das Alte Testament werfen; dabei geht es um das Gottesbild und um die Entwicklung einer Auferweckungshoffnung.

Blickt man auf die im Alten, Ersten Testament gesammelten Gotteserfahrungen, so lassen sich viele der dort verwandten Bilder und Begriffe (Hirt, König, Vater und Mutter, Arzt, Retter und Helfer, Schöpfer …) darin zusammenfassen, dass Gott als Freund des Menschen und des Lebens dargestellt wird. Gott ist immer wieder neu für die Menschen da, ein »Ich-bin-da-für-euch« (vgl. Exodus 3,14). Diese Gotteserfahrung ist das Fazit der Mosetradition und der ganzen jüdischen (und dann auch der christlichen) Glaubensgeschichte.

Dieser Gottesname, der dem Mose am Sinai gesagt wird, ist damit ein theologisches Programm, ein Leitwort: Gott lässt den Menschen nicht im Stich. Er ist für die Menschen da, und er wird es auch in Zukunft sein. Er hört die Klagen der Menschen, nimmt ihre Not wahr und erweist sich inmitten der Not als ein Gott, der befreiend und aufrichtend wirkt.

Besonders deutlich wird dies am Stichwort Rettung und Befreiung aus dem Dunkel der Not. Der Gott, zu dem Israel auf einem langen Weg findet, ist ein Gott des befreiten und gelingenden Lebens. Eine solche Erfahrung machten die kleine Volksgruppe der Hebräer (»Volk Israel«) und ihr Anführer Mose, die von Gott aus der Unterdrückung in Ägypten herausgeholt wurden.

Vergleichbare Erfahrungen der Rettung und Befreiung wurden danach in der Geschichte Israels immer wieder neu gemacht. Dies gilt in den vielfältigen Bedrohungen des Volkes in der Richterzeit, als umliegende Völker Israel bekämpften. Dies gilt in der Königszeit, vor allem aber im Babylonischen Exil: Wieder ist Israel unterdrückt, wieder klagt es und schreit zu seinem Gott. Und wieder hört Gott das

Rufen der Unterdrückten, wieder führt er sein Volk aus der Knechtschaft in die Freiheit und schenkt einen Neubeginn, schenkt neues Leben.

Was für das Volk als Ganzes gilt, gilt auch für einzelne Menschen. Die Psalmen etwa, und darin besonders Psalm 22, den Jesus am Kreuz betete, künden uns vielfach von Menschen, die in ausweglose Not geraten sind und um Hilfe rufen. Sie zeigen aber auch das dankbare Bekenntnis solcher Menschen auf, dass Gott sie aus der Todesnot befreit hat.

Gott ist also in der durchgängigen Erfahrung des Alten Testaments ein Gott der Befreiung, ein Gott, der Ja zum Leben sagt und neue Lebensmöglichkeiten eröffnet. Im alttestamentlichen Buch Weisheit (eine griechisch geschriebene und wahrscheinlich in Alexandria in Ägypten entstandene Spätschrift des Alten Testamentes) wird diese durchgehende Erfahrung Israels in der Anrede Gottes zusammengefasst: »Herr, du Freund des Lebens« (Weisheit 11,26).

Aus den Erfahrungen der Vergangenheit, die glaubend gedeutet werden, zieht Israel Linien in die Zukunft hinein. Sein Vertrauen zu Gott, dem Freund des Lebens, wird zur Hoffnung auf gelingende Zukunft. Immer wieder bekennt es: Gott ist nicht allein der Beginn, sondern auch das Ziel des Lebens. Gott führt in ein gutes Land, in dem »Milch und Honig fließen« (z.B. Exodus 3,8), wie es im Bildwort heißt, in dem es keinen Mangel und keine Not, keine Klage und keine Trauer mehr gibt, sondern in dem Freude und Überfluss herrschen. Gott ist ein Gott des Lebens, nicht des Todes, ein Gott der Zukunft und der Hoffnung.

Aus diesem Glauben hat Jesus gelebt, diesen Glauben hat er verkündet, auf ihn baut er mit seiner Predigt vom Reich Gottes auf. »Reich« ist dabei für ihn kein geografischer Begriff (das Land Kanaan, Palästina), sondern ein Bildwort, mit dem die Fülle des Heils für alle Menschen und zwar dauerhaft gemeint ist. Aus dieser vielschichtigen Glaubenserfahrung alttestamentlicher Menschen können die Schriftsteller des Neuen Testaments dann ihre »Bildersprache« entnehmen, um die neuen Erfahrungen mit Jesus, dem Gekreuzigten und Lebenden auszudrücken.

Ein zweiter Aspekt betrifft die Haltung Israels zum Tod und zum Leben nach dem Tod. Hier finden wir in der zeitlichen Abfolge der alttestamentlichen Schriften (von ersten Teilstücken einzelner Bücher ca. 1000 v. Chr. bis zum letzten in der katholischen Kirche als kanonisch angesehenen Buch ca. 150 v. Chr.) einen vielschichtigen Entwicklungsprozess.

Für den alttestamentlichen Menschen bis kurz vor der Zeitenwende gibt es kein Leben nach dem Tod. So heißt es in Psalm 103,14–16: »Wir sind nur Staub. Des Menschen Tage sind wie Gras, er blüht wie die Blume des Feldes. Fährt der Wind darüber, ist sie dahin; der Ort, wo sie stand, weiß von ihr nichts mehr.« Und in Psalm 49,12–15: »Das Grab ist der Menschen Haus für immer ... Der Mensch bleibt nicht in seiner Pracht, er gleicht dem Vieh, das verstummt ... Der Tod führt sie auf seine Weide wie Schafe, sie stürzen hinab zur Unterwelt. Geradewegs stürzen sie hinab in das Grab, ihre Gestalt zerfällt, die Unterwelt wird ihre Wohnstatt.«

Nach dem Weltbild der Antike (und damit auch der Bibel) liegt die Unterwelt (hebräisch Scheol = »Nicht-Land«) unterhalb der Erdscheibe. Sie ist ein Schattenreich, in dem alle Toten (unabhängig von ihrem Verhalten auf der Erde) in Finsternis und Schweigen gefangen sind. Sie stellen nur noch Schatten dar und haben untereinander und mit Gott keine Gemeinschaft. Die Scheol ist ein Reich ohne Wiederkehr, ein »Nicht-Land«, in dem alles vergeht. Der Weisheitslehrer Kohelet (3. Jahrhundert v. Chr.) formuliert pessimistisch (3,19): »Wie die Tiere sterben, so sterben die Menschen. Beide haben ein und denselben Atem. Einen Vorteil des Menschen gegenüber dem Tier gibt es nicht. Beide sind Windhauch.«

Alle großen Gestalten des Alten Testament haben nicht an eine Auferweckung der Toten geglaubt, von Abraham, Mose und David angefangen bis hin zu den Propheten. Ein Leben nach dem Tod – wie es etwa zur gleichen Zeit in Ägypten verkündet und im dortigen Grabkult (Pyramiden, ausgeschmückte Grabkammern, Grabtempel) ausgedrückt wurde – war für sie nicht vorstellbar. Alle müssen sterben: »Du lässt die Menschen zurückkehren zum Staub« (Psalm 90,3). Erst in der Umbruchzeit des 2. Jahrhunderts v. Chr. (in Israel herrschten die syrischen Seleukiden, ein Nachfolgereich Alexander des Großen, gegen das die Makkabäer Widerstand leisteten) änderte sich das. Im östlichen Mittelmeerraum entstand die Textsorte der *Apokalypse*. Darin wurde in Visionen, Träumen und Weissagungen über das Ende der Welt nachgedacht. Israel kennt solche apokalyptischen (=»enthüllenden«) Texte vor allem in den Kapiteln 7–12 des Buches Daniel. Solche Texte verfolgen drei Gedanken: In der Endzeit vollendet Gott durch wunderbares und zugleich schreckliches Eingreifen sein Reich. In der Endzeit kommt ein *Menschensohn*, der die Königsherrschaft Gottes auf Erden verwirklicht. In der Endzeit gibt es ein Gericht für alle, auch für die bereits Verstorbenen (in der Scheol) und dabei endgültiges Heil oder Verderben.

In Daniel 12,1–4 wird zum ersten Mal in der Bibel ein Glaube an eine allgemeine Auferweckung der Toten durch das Eingreifen Gottes am Ende der Zeiten bekannt: »... Von denen, die im Land des Staubes [scheol] schlafen, werden viele erwachen, die einen zum ewigen Leben, die anderen zur Schmach, zu ewiger Abscheu ...« Ähnliche Vorstellungen klingen im zweiten Makkabäerbuch an (Kapitel 7).

Zu solchen expliziten Aussagen über eine Totenerweckung müssen allerdings allgemeinere Aussagen der Propheten hinzugefügt werden, die vom Gedanken, dass Gott ein Freund des Lebens ist, zu Verheißungen kommen wie in den folgenden Beispielen: »Der Tag kommt, da werden die Überheblichen zu Spreu; für euch aber wird die Sonne der Gerechtigkeit aufgehen ...« (Maleachi 3,16–19) – »Der Herr beseitigt den Tod für immer. Gott, der Herr, wischt die Tränen ab von jedem Gesicht« (Jesaja 25,8). – »Der Herr spricht zu den Gebeinen: Ich selbst bringe Geist in euch, dann werdet ihr lebendig … Ich öffne eure Gräber und hole euch, mein Volk, aus euren Gräbern herauf« (aus Ezechiel 37,1–14).

Solche Vorstellungen der Propheten künden noch nicht von einer individuellen Auferweckung durch Gott, wohl aber von neuem Leben für das Volk Israel. Damit aber schaffen sie eine Grundlage, auf denen die Spätschriften (Daniel, Makkabäer) zur Vorstellung einer Auferweckung kommen konnten, verstanden als *Neuschöpfung* des ganzen Menschen (mit Leib, Geist, Seele). Diese Vorstellung war zur Zeit Jesu im Volk geläufig und wurde vor allem von den Pharisäern geteilt. Mit ihnen stimmte Jesus überein. Andere Gruppen in Israel, wie etwa die in Jerusalem mächtigen Sadduzäer, wandten sich gegen den Glauben an eine Auferstehung.

Das jüdische Paschafest

Leiden und Sterben Jesu und die Deutung seiner Auferweckung stehen nicht nur chronologisch, sondern auch von ihrem Sinn her in einer Beziehung zum jüdischen Fest Pascha (auch Passah / Pessach = »Fest der ungesäuerten Brote«). Das hebräische Wort »pessah« (aramäisch »pasha«, griechisch »pascha« – gesprochen »pas–cha«) bedeutet »Vorübergang« (des Herrn). Der Ursprung des Festes liegt in der Geschichte der Befreiung Israels aus Ägypten. Der Überlieferung nach tötete ein Engel die männlichen Erstgeborenen der Ägypter, die mit einem Schutzzeichen aus Blut gekennzeichneten Häuser der Hebräer aber verschonte er (Exodus 12,27).

Nach den synoptischen Evangelien (Markus, Matthäus, Lukas) starb Jesus am Hauptfesttag des jüdischen Pascha (15. Nisan), nach Johannes bereits einen Tag vorher, als im Tempel die Paschalämmer zur Vorbereitung auf das Fest geschlachtet wurden. Von da aus wurde das christliche Osterfest in einen zeitlichen Bezug zum jüdischen Pascha gestellt (s.u. Seite 115). Doch aus der Geschichte und der Deutung des jüdischen Pascha ergibt sich neben dem äußeren Bezug ein innerer Zusammenhang mit der Heiligen Woche der Christen.

Das Pascha dürfte ursprünglich ein Mahl von Nomaden in der Wüste gewesen sein, bei der Kleinviehhirten in der Vollmondnacht des Frühlingsbeginns durch die kultische Handlung, Blut an die Zeltpfosten zu streichen, Schutz und Segen für ihre Herden und für sich selbst erbaten. Die Art des Mahles lässt diesen Hintergrund noch erkennen: die Hüften gegürtet, Stab in der Hand, auch ungesäuertes (deshalb schnell zu fertigendes) Brot, Bitterkräuter aus der Wüste und ein gebratenes Tier aus der Herde.

Dieses nomadische Mahl wurde dann in einer rückblickenden Deutung mit der Aufbruchssituation aus Ägypten verbunden, also in einen heilsgeschichtlichen Kontext gestellt und mit der Gotteserfahrung Israels verknüpft. Die einzelnen Elemente des Nomadenmahls wurden von dieser Deutung her neu erklärt, etwa die Bitterkräuter als Hinweis auf die Unterdrückung in Ägypten, das ungesäuerte Brot als Hinweis auf den überraschenden Aufbruch ...

In Kanaan wurde diese »heilsgeschichtliche« Paschafeier dann mit einem weiteren Fest verbunden, das aus einer Ackerbaukultur stammt: dem siebentägigen Fest der ungesäuerten Brote (Mazzot). Auch dieses Fest ist wahrscheinlich vorisraelitischen Ursprungs und steht im Zusammenhang mit dem Erntebeginn: Der erste Ertrag der neuen Ernte (Wintergetreide) wird zu neuem Brot gebacken – neues Leben entsteht durch die Gnade und das Erbarmen der Gottheit. Dieser Gedanke eines neuen Lebens konnte leicht mit der Erinnerung an die Befreiung aus Ägypten verbunden werden, weil es auch hier um neue Lebensmöglichkeiten für die ging, die sich an den Herrn des Lebens banden. Die so erweiterte Paschafeier wurde zuletzt in einer Feier am Jerusalemer Tempel zentralisiert, daran hielt man vor allem nach der Rückkehr aus dem Exil fest, die als zweiter Auszug aus der Knechtschaft verstanden wurde. Das Familienfest wurde zum Tempelfest am zentralen Kultort Israels. So macht sich auch Jesus auf nach Jerusalem, um das Paschafest zu feiern. Erst nach der Zerstörung des zweiten Tempels durch die Römer im Jahr 70 n. Chr. und bis heute wurden wieder die jüdischen Familien Ausrichter des siebentägigen Festes.

Das Pascha ist also eine heilsgeschichtliche Feier, eine Erinnerung an den befreienden Gott, der für sein Volk der »Ich-bin-da« ist, seine Klagen in der Unterdrückung hört und es zu neuem Leben befreit. Deshalb steht am ersten Abend des Festes (Sederabend) im Mittelpunkt der Feier die Haggadah, die erinnernde und vergegenwärtigende Erzählung der Rettung – ein Modell für das erinnernde und vergegenwärtigende Hochgebet mit den Einsetzungsworten in der Messe. Das Mahl schafft Gemeinschaft der Menschen untereinander (Volk auf dem Weg) und mit dem befreienden Gott, dessen Lob gesungen und dem gedankt wird. Auch diese Gedanken finden sich in veränderter Form in der christlichen Eucharistie wieder.

Nach der Chronologie der drei synoptischen Evangelien feierte Jesus am letzten Abend seines Lebens mit dem Kern seines Jüngerkreises das jüdische Pascha, bevor mit der Festnahme im Garten am Ölberg seine Leidensgeschichte und sein Weg zum Kreuz begann. Elemente des jüdischen Sederabends lassen sich in den Evangelientexten erkennen (vgl. Markus 14,12–25; Matthäus 26,17–29; Lukas 22,7–20): die häusliche Feier (mit der neuen »Familie« Jesu, seinem Jüngerkreis), das Dankgebet über Brot und Wein (griechisch »eucharistia«), die Deuteworte zu Speisen und zum Wein, der Segensbecher ... Hierdurch klingt zu Beginn der Leidensgeschichte Jesu der Bezug zum aufbrechenden und wandernden Gottesvolk an: aus der Not heraus (Symbol »Knechtschaft in Ägypten« als Sinnbild für Leid und Tod) erfolgt die Befreiung durch Gott selbst, werden neues Leben und Hoffnung geschenkt.

Ein anderer Bezug – vor allem bei Johannes – ist der zu der am Vorabend des Pessach erfolgenden Schlachtung der Paschalämmer im Tempel. Paulus verbindet das Opfern der

Lämmer mit dem Kreuzestod Jesu: »... denn als unser Paschalamm ist Christus geopfert worden« (1 Korinther 5,7). Daran knüpft die christliche Osternachtsfeier an, wenn sie vom »wahren Osterlamm« (Gabengebet) spricht oder im Kommunionvers bekennt: »Unser Osterlamm ist geopfert, Christus, der Herr, Halleluja! Wir sind befreit von Sünde und Schuld. So lasst uns Festmahl halten in Freude. Halleluja!«

Den Kreuzestod Jesu als »Opfer« verstehen meint hier die umfassende Hingabe Jesu für die Menschen: »Es gibt keine größere Liebe, als wenn einer sein Leben für seine Freunde hingibt« (Johannes 15,13). Nicht länger geht es um ein kultisch-rituelles Geschehen, das am Pascha im Tempel stattfindet, sondern um eine persönliche Beziehung zwischen dem die Liebe Gottes offenbarenden Jesus und den Menschen, die sich glaubend an ihn binden. Christliches Pascha und Ostern zeigen damit eine Verbindung zwischen Gott und Menschen auf, die aus der Liebe lebt und so neues Leben schafft.

Das Leiden und Sterben Jesu

in der Deutung des Neuen Testaments

Die Evangelien berichten mit der Leidensgeschichte Jesu – ganz anders als mit den Ostererfahrungen – geschichtliche Fakten, Ereignisse unserer Welt, die deshalb auch sprachlich benannt werden können. Dennoch sind auch diese Texte nicht als Biografie Jesu oder als geschichtlicher Bericht gestaltet, sondern immer schon *aus dem Glauben gedeutet*. Die neutestamentlichen Schriftsteller (und die hinter ihnen stehenden und sie prägenden Gemeinden) wollten weniger berichten, *was* geschehen ist, als vielmehr, *warum* dies so geschehen ist.

Auch die Leidensgeschichten sind *nachösterliche* Texte. Sie geben aus einem Rückblick heraus Deutungen und schaffen so die Möglichkeit, diesen Jesus, den Gekreuzigten und Toten, als den Christus Gottes und damit als Lebenden zu verstehen. Sie wollen aufzeigen, warum der, der in unüberholbarer Weise Gottes Liebe gezeigt hatte, am Kreuz endete – und wie dieses Ende deshalb kein Ende blieb, weil Gottes Liebe an diesem Toten handelte.

Die Kreuzigung Jesu war für die Jünger eine unermessliche Katastrophe. Dies nicht allein, weil ihrem Kreis nun die Mitte fehlte, der innere Halt. Ebenso wichtig war die Frage, ob dieser Jesus und seine Botschaft nicht von vornherein falsch gewesen sein mussten, wenn sie zu einem solchen Ende führten. Ein ans Kreuz Gehenkter war nach jüdischer Auffassung von Gott verlassen oder noch schlimmer: »Ein Gehenkter ist ein von Gott Verfluchter« (Deuteronomium 21,23).

Der eigene, noch so kleine und eher stammelnde Glaube der Jünger war durch den Kreuzestod Jesu grundsätzlich in Frage gestellt – ihnen blieb nichts übrig, als mutlos und resigniert Jerusalem, die Stadt des Todes, zu verlassen. Und mehr noch, wie sollte man – dem Auftrag Jesu folgend – seine Botschaft an andere weitergeben? War nicht mit dem Gekreuzigten auch seine Botschaft gescheitert?

Um den unfassbaren Tod Jesu einordnen zu können, griffen die ersten Gemeinden auf Deutungen der Hebräischen Bibel zurück (die jüdische Heilige Schrift, in etwa gleich dem Ersten, Alten Testament der christlichen Bibel). Dabei standen zwei Deutungen im Vordergrund:

• Jesus wurde als *Prophet* in der Linie alttestamentlicher Propheten verstanden, die wie er abgelehnt, verfolgt oder gar getötet wurden: »(Gott sagt:) Ich werde Propheten zu ihnen senden, und sie werden einige von ihnen töten und andere verfolgen« (Lukas 11,49). Mehr noch, Jesus ist der letzte, entscheidende, endzeitliche Prophet, der zu einer unbedingten Entscheidung aufruft, deshalb aber auch besonderen Widerstand provoziert. Mit seiner Ermordung »entledigt« man sich auch seiner unbequemen Botschaft.

- Jesus ist der *leidende Gottesknecht.* Unschuldig ist er dem Leid und dem Tod ausgeliefert. Doch der leidende Gerechte wird von Gott nicht verlassen, sondern wird erhöht:»Er erniedrigte sich und war gehorsam bis zum Tod am Kreuz. Darum hat Gott ihn über alle erhöht ...« (Philipper 2,8–9). Diese Vorstellung greift vor allem auf die Gottesknechtlieder des Jesaja zurück:»Der Herr fand Gefallen an seinem zerschlagenen Knecht, er rettete ihn, der sein Leben ... hingab ... weil er sein Leben dem Tod preisgab und sich unter die Verbrecher rechnen ließ« (Jesaja 53,10.12).

Auch Psalm 22, den Jesus am Kreuz betet (»Mein Gott, mein Gott, warum hast du mich verlassen?«, vgl. Matthäus 27,46 = Psalm 22,1), geht in diese Richtung. Man kann dieses »Todesgebet« Jesu keineswegs nur als Ausdruck seiner Verzweiflung und »Gottverlassenheit« verstehen. Psalm 22 schildert nur in einem ersten Teil die unfassbare Not eines Menschen, in seinem zweiten Teil verkündet dieser Notleidende der Gemeinde die bereits erfahrene Rettung durch Gott (»Aufleben soll euer Herz für immer«, Psalm 22,27). Wenn Matthäus dem sterbenden Jesus diesen Psalm in den Mund legt, dann steht für jeden der damaligen Hörer des Matthäusevangeliums (einer *juden*christlichen Gemeinde) sofort der Schluss des Psalms und damit die Rettung und Erhöhung durch Gott vor Augen. Der Psalm bleibt somit nicht Klagepsalm, sondern wird zum Bekenntnis des rettenden und aufrichtenden Gottes (s.o. Seite 25–26). Matthäus deutet das Geschehen am Kreuz aus nachösterlicher Sicht – Psalm 22,1 ist damit eine deutliche Anspielung auf Auferweckung und Erhöhung.

Zeitlich noch vor den Leidensgeschichten der Evangelien sind – vor allem in den Paulusbriefen wiedergegeben – Kurzformeln des Glaubens entstanden, kleine und teilweise sehr alte, vorpaulinische Bekenntnisformeln, mit denen ausgedrückt wird, was das Sterben Jesu für die Menschen, für uns, bedeutet. In solchen Bekenntnissen gehören Tod und Auferstehung immer zusammen. Nur so nämlich hat der Tod Jesu auch eine Bedeutung für uns: Weil Jesus sich im Tod hingegeben hat und weil Gott ihn nicht im Tod gelassen, sondern erhöht hat, deshalb dürfen auch wir die Hoffnung haben, dass wir ebenso durch den Tod hindurch zu neuem Leben gelangen: »Wenn Jesus – und das ist unser Glaube – gestorben und auferstanden ist, dann wird Gott durch Jesus auch die Verstorbenen zusammen mit ihm zur Herrlichkeit führen« (1 Thessalonicher 4,14). Oder: »Wenn wir mit Christus gestorben sind, werden wir auch mit ihm leben« (2 Timotheus 2,11).

Diese kleinen Bekenntnisse werden dann in den Leidensgeschichten der Evangelien erzählerisch ausgestaltet und mit vielerlei anderen Erzählmotiven verknüpft. Es geht also in diesen Texten nicht mehr ausschließlich um die beiden oben genannten Deutungen Jesu als endzeitlicher Prophet oder als leidender Gottesknecht, sondern auch um weitere Aspekte: Der gefangene und gefolterte Jesus wird als Herr und König gezeichnet – eindeutig glaubende Bekenntnisse der ersten Gemeinden, keine historischen Fakten. Jesus wird als der seiner Botschaft Treue gezeichnet – anders als der leugnende Petrus oder die fliehenden Jünger (vgl. Matthäus 26,56.69–75).

Trotz all dieser und weiterer theologischer Deutungen sind die Leidensgeschichten der Evangelien Texte, die historische Fakten enthalten: die Kreuzigung Jesu als ein Weg in vielen Schritten von der Verhaftung über die Verurteilung und Folterung bis zur Kreuzigung, Kreuzabnahme und Begräbnis. Die Evangelisten berichten, was geschehen ist; aber sie tun dies mit unterschiedlicher Akzentsetzung entsprechend den Gemeinden, die sie erreichen wollen:

• So zeigt *Matthäus*, der für eine judenchristliche Gemeinde schreibt, die in Auseinandersetzungen mit jüdischen Gegnern verwickelt war, dass das Geschehen mit Jesus der Schrift entspricht, ja die Erfüllung der Schrift darstellt.

- *Lukas* dagegen, der sein Evangelium für eine heiden-christliche Gemeinde verfasst hat, stellt Jesus als den Leidenden dar, der unschuldig, aber seiner Sendung treu seinen Weg geht und damit Gottes Plan mit den Menschen erfüllt: So kommt das Heil zu allen.
- *Markus* wiederum, der früheste Evangelist, schildert Jesus als Gottessohn, dessen Wesen man aber erst in seinem Tod erkennen kann (Bekenntnis des Hauptmanns: »Wahrhaftig, dieser Mensch war Gottes Sohn«, vgl. Markus 15,39). Mit dieser Akzentuierung will Markus seiner (verfolgten) Gemeinde Mut machen: Auch wenn die Situation jetzt in Leid und Verfolgung bedrückend erscheint, Gottes Rettung und das Heil werden offenbar werden.
- Für *Johannes* schließlich ist Jesus die unbegreifliche Offenbarung Gottes, die nur in einer vielfachen Metaphorik gedeutet werden kann: So ist er der gute Hirt, der sein Leben für die Seinen hingibt. Er ist das Licht, das die Dunkelheit überwindet (das Licht der Auferstehung gegen die Dunkelheit des Todes). Er ist der König, der selbst am Kreuz wie ein Herrscher wirkt und sein Werk »vollbringt« (»Es ist vollbracht«, Johannes 19,30). Er ist Brot des Lebens, der Weg, die Wahrheit und das Leben selbst.

Die Evangelien berichten – nach diesem Befund – über Ostern also nicht erst in den eigentlichen »Ostergeschichten«. Vielmehr sind sie in ihrem gesamten Gehalt als österlich zu bezeichnen. Das beginnt schon bei Texten, in denen Menschen »aufstehen« und neue Lebensmöglichkeiten gewinnen: die kranke Schwiegermutter des Petrus (»Jesus richtete sie auf«, vgl. Markus 1,31), der Gelähmte (»Steh auf, nimm deine Tragbahre, und geh«, vgl. Markus 2,11), der junge Mann von Naïn auf seiner Totenbahre (»Ich befehle dir, junger Mann, steh auf«, vgl. Lukas 7,14) und viele andere. Auch der Weg Jesu zum Kreuz wird in der Sicht der Evangelien nicht allein als hoffnungsloses Geschehen dargestellt, sondern beinhaltet Verweise auf die Auferweckung, auf die Rettung durch Gott, auf die Erhöhung des Gekreuzigten, auf neues Leben.

Auch in diesen bedrückenden Teilen bleiben die Evangelien »Frohe Botschaft, Gute Nachricht«, dass Gott das Heil aller Menschen durch Jesus, seinen Christus, will.

Älteste Zeugnisse der Auferweckung –

Kurzformeln des Glaubens

Nicht die Erzählungen am Ende der Evangelien sind die ältesten neutestamentlichen Texte zur Auferweckung Jesu, sondern kleine Bekenntnisformeln, die bereits vorpaulinisch entstanden sind. Einige von ihnen hat Paulus dann etwa 50–60 n. Chr. in seine Briefe aufgenommen, sie bilden einen Kern seiner Theologie. Erst viel später und nach einem langen Prozess der theologischen Reflexion entstanden die Evangelienerzählungen der österlichen Erscheinungen des Auferstandenen. Es lohnt sich, diese ältesten Zeugnisse in den Blick zu nehmen, um von da aus wesentliche Aspekte eines auch heute tragfähigen Verständnisses von Ostern zu gewinnen.

Vor den »Auferstehungsberichten« liegen also die *Bekenntnisformeln*. Das sind kleine Sätze, Satzteile oder Ausrufe, die konzentriert ein Bekenntnis zusammenfassen und mitteilen. Solche alten, vorpaulinischen Formeln finden wir etwa im Römerbrief in einem Text zum Thema Glauben: »Denn wenn du mit deinem Mund bekennst: ›*Jesus ist der Herr!*‹ und in deinem Herzen glaubst: ›*Gott hat ihn von den Toten auferweckt*‹, so wirst du gerettet werden.«

Diese Bekenntnisformeln sprechen zuerst nur von der Auferweckung Jesu (Auferweckung, weil es um ein Wirken Gottes an Jesus geht, gängig ist allerdings der Begriff »Auferstehung«). Doch schon bald werden die Auferweckungsformeln mit Leiden und Sterben Jesu verknüpft. Ein Beispiel: »Wenn Jesus – und das ist unser Glaube – gestorben und auferstanden ist …« (1 Thessalonicher 4,14). Zu solchen

Formeln passen auch die in den Evangelien verstreuten Leidensvorhersagen Jesu, die von den Evangelisten – das Geschehen deutend – eingearbeitet wurden, wohl aber älteren Ursprungs sind, etwa:»... der Menschensohn müsse vieles erleiden ... er werde getötet, aber nach drei Tagen wieder auferstehen« (Markus 8,31).

Diese ersten Kurzformeln werden von Paulus übernommen, ausgestaltet und theologisch reflektiert – Tod und Auferstehung (Auferweckung) Jesu werden von ihrer Heilsbedeutung her für die Menschen verstanden. Dies klingt bereits in den »klassischen« Versen des 1. Korintherbriefes an, wo Paulus explizit ältere Überlieferungen zitiert, ihnen mit dem Einschub »für unsere Sünden« aber eine theologische Ausrichtung gibt:»Denn vor allem habe ich euch überliefert, was auch ich empfangen habe: Christus ist für unsere Sünden gestorben, gemäß der Schrift, und ist begraben worden. Er ist am dritten Tag auferweckt worden, gemäß der Schrift, und erschien dem Kephas, dann den Zwölf ...« (1 Korinther 15,3–5).

Dieses Thema von der Rettung der Sünder (paulinisch: Gerechtmachung) klingt auch an vielen anderen Stellen der paulinischen Briefe an, besonders im Römerbrief:»Wegen unserer Verfehlungen wurde er hingegeben, wegen unserer Gerechtmachung wurde er auferweckt« (Römer 4,25).

Das Bekenntnis und der Lobpreis, beide in der Liturgie der ersten Gemeinden verwurzelt, werden zunehmend zu einer soteriologischen (= die Erlösung betreffend) und paränetischen (= ermahnenden) Besinnung, also zur Frage nach dem Heil der Menschen und zur Frage nach dem, was sich daraus für ihr eigenes Handeln ergibt. Jesus ist in solcher Sicht nicht »für sich« gestorben und auferweckt worden, sondern »für andere«, für die vielen (vgl. die Einsetzungsworte beim Abendmahl), das heißt, richtig verstanden, für alle Menschen.

Diese Linie führt Paulus weiter, indem er die Auferweckung Jesu in Beziehung zur christlichen Taufe setzt. Die

48

Taufe entspricht einem Durchgang durch den Tod zu neuem Leben. Wer sich in der Taufe zu Christus bekennt, der wird gerettet: »Wisst ihr denn nicht, dass wir alle, die wir auf Christus Jesus getauft wurden, auf seinen Tod getauft worden sind? Wir wurden mit ihm begraben durch die Taufe auf den Tod; und wie Christus durch die Herrlichkeit des Vaters von den Toten auferweckt wurde, so sollen auch wir als neue Menschen leben. Wenn wir nämlich ihm gleich geworden sind in seinem Tod, dann werden wir mit ihm auch in seiner Auferstehung vereinigt sein« (Römer 6,3–5).

In diesem und anderen Texten der paulinischen Briefe geht es nicht mehr allein um die Auferstehung Jesu, um ein Bekenntnis zum auferstandenen Herrn, sondern es geht vorrangig um den Glaubenden und seinen Lebensweg. Die Blickrichtung ist eine andere geworden: Nicht länger »*Was* ist mit diesem Jesus geschehen?« oder »*Warum* ist das mit diesem Jesus geschehen?«, sondern »Was *bedeutet* dieses Geschehen für mich persönlich?« Das ist eine wichtige Akzentverschiebung, weil so eine Tür zur Missionierung aufgetan wird. Das Bekenntnis zu einem Gekreuzigten und nach dem Zeugnis seiner Anhänger vom Tod Erweckten aus einem Randgebiet des römischen Reiches wird erweitert zu einer Aussage von der grundsätzlichen Heilsbedeutung dieses Ereignisses für alle Menschen. Es wird damit zur Aufforderung, sich der Gemeinschaft der Glaubenden anzuschließen. Das liturgische Bekenntnis der Urgemeinde wird zu einer Aussage, welche die Welt verändert hat. Aus »Jesus ist auferweckt worden, halleluja (Lobt Gott)« wird »Jesus ist für mich, für uns auferweckt worden, er ist der Weg zum Heil, halleluja«.

Dieser Prozess wird dann in einem weiteren Schritt durch die Auferstehungsberichte der Evangelien in eine neue Textsorte gefasst und erzählerisch gestaltet. Aus Bekenntnisformeln werden Geschichten. Vorab aber soll nach den Grundzügen dieses neutestamentlichen Auferstehungsglaubens gefragt werden. Was prägt diese ersten Bekenntnisse und theologischen Deutungen? Es lassen sich einige Aussagen benennen, die allerdings miteinander verwoben sind:

- Jesus, der Gekreuzigte, wird an und nach Ostern als der Lebende erfahren. Gegen alle Erfahrung ist der Tod für ihn nicht das Ende, kein Abbruch, sondern ein Neubeginn. Er ist »von den Wehen des Todes befreit«.
- Dieses Geschehen an Jesus erfolgt durch Gottes Eingreifen. Wo in der bisherigen Vorstellung ein Gehenkter als von Gott verstoßen galt, zeigt sich in der Auferweckung Jesu das Umgekehrte: Gott bejaht seinen Christus und lässt ihn nicht im Tod. Damit bejaht Gott auch die von Jesus ausgesprochene Botschaft. Begriffe wie Erhöhung, in die Herrlichkeit aufgenommen, Verleihung eines Namens, zur Rechten Gottes sitzen, zum Christus gemacht ... umschreiben dieses unbedingte Ja Gottes zu Jesus.
- Der Auferweckte ist der Gekreuzigte, aber er ist es in einer neuen Seinsweise, die mit bisherigen Maßstäben nicht zu fassen ist. Ein solcher Neubeginn ist nur dem möglich, der das Leben am Anfang geschaffen hat, Gott selbst. Er beginnt mit Christus eine »neue Schöpfung«, setzt einen neuen Anfang im Bund zwischen Gott und Menschen.
- Die Auferweckung Jesu hat nicht allein Bedeutung für ihn selbst. Sie hat eine grundsätzliche Bedeutung für alle Glaubenden, ja für die ganze Welt. Mit der Auferweckung beginnt neues Heil für alle. Jesus, der Auferweckte, ist dadurch der Herr, der Richter, der Retter.
- Die unbegreifliche Erfahrung der Begegnung mit dem Auferweckten wird von unterschiedlichen Zeugen gemacht. Sie drücken dies mit dem Begriff »Erscheinung« aus. In der deutschen Sprache ist dieses Wort missverständlich. Im Griechischen und im Alten Testament wird damit eine besondere Art von Sehen bezeichnet, die eine tiefere Dimension der Wirklichkeit aufschließt. Im Alten Testament wird in »Erscheinungen« die Heil schaffende Gegenwart Gottes sichtbar. Auf Jesus bezogen heißt das: Im Auferweckten gibt sich Gott selbst zu erkennen.

- Dies wirkt sich auf die Zeugen aus. Ihr Leben wird verändert und in der Folge in den Dienst der Verkündigung des Auferweckten gestellt. Predigt und lobpreisende Liturgie ergeben sich aus dem Bekenntnis zum Auferstandenen ebenso wie (Tauf-) Katechese und Mission.
- Der Auferweckte ließ sich nicht nur am Anfang »sehen«. Er bleibt in der Gemeinde der Glaubenden gegenwärtig, ist Herr der Kirche. Dies geschieht durch den Geist, die Leben schaffende Kraft Gottes. Das aber ist Grund zur Hoffnung für alle. Wer sich im Glauben an den Auferweckten bindet, dem ist Heil zugesprochen. Paulus fasst dies in das Bekenntnis: »Wenn der Geist dessen in euch wohnt, der Jesus von den Toten auferweckt hat, dann wird er, der Christus Jesus von den Toten auferweckt hat, auch euren sterblichen Leib lebendig machen, durch seinen Geist, der in euch wohnt« (Römer 8,11).

Auferstehungserzählungen der Evangelien –

Ermunterung zum Glauben

Die Auferstehungsberichte der vier Evangelien sind später entstanden als die kurzen Bekenntnisformeln der Briefe. Sie stammen aus einer Zeit, als man schon einige Zeit die Auferweckung Jesu bekannte und im Gottesdienst feierte.

Daraus wird deutlich, dass es hier in keiner Weise um Augenzeugenberichte eines historisch fassbaren Geschehens geht, sondern um eine weiterführende theologische Deutung der unbegreiflichen Ereignisse von Jerusalem. Es geht um das in erzählende Texte gefasste Bekenntnis zu Jesus, dem Herrn und Christus Gottes. Das Ereignis selbst, wenn auch nicht in seinem »Wie«, sondern in seinem »Dass«, war schon längst bekannt und man bekannte sich dazu. Nun aber fasste man das gleiche Bekenntnis in theologische Geschichten, die vielerlei Bezüge zum Alten Testament aufwiesen, unterschiedliche Symbolik aufnahmen und das Geschehen an bedeutende Gestalten der ersten Gemeinden banden (besonders an Petrus und an Johannes).

Diese neuen Texte wollten keineswegs die Einzelheiten eines vergangenen Geschehens erklären. Sie sind vielmehr Glaubenstexte – aus Glauben entstanden und zum Glauben ermunternd. Es geht in den Erzählungen der Evangelien um die persönliche Begegnung mit dem Auferstandenen. Dadurch, dass von der persönlichen Begegnung der Jüngerinnen und Jünger mit dem Auferstandenen erzählt wird, geschieht gleichzeitig und beabsichtigt eine Einladung zu einer persönlichen Begegnung mit dem Auferstandenen. Der Glaube der anderen ermöglicht meinen Glauben.

Mit diesem *Schlüssel zum Verständnis* kann man die einzelnen Geschichten näher betrachten. Vorab ein weiterer Hinweis: Diese Erzählungen am Schluss der vier Evangelien kommen aus unterschiedlichen Quellen, sie sind nicht aufeinander abgestimmt. Man kann sie deshalb nicht »harmonisieren«, das heißt, es lässt sich aus ihnen kein »Ablaufprotokoll« der österlichen Erscheinungen fertigen. So wird von unterschiedlichen Orten der Erscheinungen gesprochen. Markus und Matthäus nennen Galiläa, Lukas spricht von Jerusalem und dem nahe bei Jerusalem gelegenen Emmaus, Johannes wiederum führt ebenfalls Jerusalem an, ein späterer Nachtrag zum Johannesevangelium (Johannes 21) siedelt Begegnungen mit dem Auferstandenen am See von Tiberias (See Gennesaret) an.

Unterschiedliche Traditionen sind also an verschiedenen Orten entstanden; sie haben die Begegnung mit dem auferstandenen Herrn gemeinsam. Dennoch gibt es eine Reihe sehr unterschiedlicher Motive: Das »leere Grab« etwa wird im Zusammenhang mit einer Auseinandersetzung mit jüdischen Gegnern genannt, es geht um apologetisches, sich verteidigendes Sprechen (Matthäus 27,62–66). Wenn andererseits in der Emmausgeschichte (Lukas 24,13–35) vom Wort Jesu und vom Brotbrechen berichtet wird, findet sich hier ein Verweis auf die eucharistische Praxis der ersten Gemeinden und die beiden Teile christlichen Gottesdienstes: das Hören des Wortes und gemeinsames Mahl. Die Erzählung vom ungläubig-gläubigen Thomas (Johannes 20,24–29) stellt den Hörer vor die konkrete Entscheidung: Wie hältst du es mit dem Glauben an den Auferweckten? Jeder dieser Texte hat also eine eigene Zielsetzung.

Grundsätzlich mit anderer Ausrichtung, aber manchmal ineinander verwoben lassen sich *Grabesgeschichten* und *Erscheinungsgeschichten* unterscheiden:

Die *Grabesgeschichten* hängen eng mit der Leidensgeschichte Jesu zusammen, die mit der Grablegung endete. Das Grab war in der Leidensgeschichte der Endpunkt – jetzt wird es zum Ausgangspunkt neuen Geschehens. Dies zeigt bereits, dass das Grab als Symbol verstanden wird – zuerst für den Tod, dann als leeres Grab für einen Neubeginn. Es geht also nicht um das leere Grab, das allein bedeutet noch gar nichts. Es geht um den Neubeginn, den durch Gottes Wirken erfolgten Aufbruch Jesu aus dem Tod zu neuem, unfassbaren Leben.

Die älteste der Graberzählungen findet sich bei *Markus* (Markus 16,1–8; die folgenden, abschließenden Verse des heutigen Markusevangeliums wurden später hinzugefügt). Der kurze Text gliedert sich in drei Teile: den Gang der Frauen zum Grab, das leere Grab und die deutenden Worte des Engels, die Reaktion der Frauen. Die drei Frauen, Maria von Magdala, Maria, die Mutter des Jakobus, und Salome, gehen zum Grab, als nach der Dunkelheit der Nacht die Sonne aufgeht (aufbrechendes Licht als Symbol für die Auferstehung, vgl. die Osternachtsliturgie, Seite 102). Sie wollen Jesus salben, wie es beim jüdischen Begräbnis Brauch war. Dies konnte aber nicht am Sabbat geschehen (Berühren eines Leichnams = am Sabbat nicht erlaubte Verunreinigung). So kommen die drei am nächsten, am dritten Tag zum Grab und finden es leer. Das aber bedeutet ihnen noch nichts, ein leeres Grab kann vielerlei Gründe haben.

Erst die deutenden Worte des Engels (des Boten Gottes) geben dem Geschehen eine neue Perspektive: Jesus, der Gekreuzigte, lebt. Er wurde von Gott auferweckt und wird den Jüngern in Galiläa erscheinen. Galiläa bindet den Auferweckten zurück an das Wirken des irdischen Jesus: Irdischer Jesus und Auferweckter sind identisch. Die Reaktion der Frauen ist keineswegs Freude, sondern Angst und Entsetzen: Die Auferweckung Jesu sprengt alle menschliche Vorstellungskraft und lässt den Menschen vor dem Wirken Gottes erzittern. Hier ist etwas geschehen, das alles verändert, auch das Leben der drei Frauen und das aller Glaubenden nach ihnen.

Gegenüber seiner Vorlage, der Erzählung nach Markus, bringt *Matthäus* (Matthäus 28,1–10) entscheidende Änderungen am Grundbestand der Geschichte ein. Die Darstellung wird dramatischer, weil er apokalyptische Bilder hinzufügt (Erdbeben, Engel vom Himmel, Wächter haben Angst und fallen zu Boden usw.). Damit drückt Matthäus die Zeitenwende aus, die durch die Auferweckung bewirkt ist. Jetzt beginnt eine neue Zeit. Gott greift ein in die Geschichte der Menschen und führt eine Wende herbei – Leben gegen Tod, Licht gegen Dunkelheit, Auferweckung gegen Verderben.

Eine zweite, wesentliche Änderung betrifft die (bei Matthäus nur zwei) Frauen. Ihnen begegnet nach der Botschaft des Engels der Auferstandene selbst. Sie werden so zu den ersten Zeuginnen der Auferweckung, noch vor den anderen Jüngern, selbst vor Petrus. Sie verstummen auch nicht (wie bei Markus), sondern sie laufen zurück, um ihr Zeugnis vom Auferstandenen weiterzugeben. Sie werden zum Modell der missionarischen Jüngergemeinde.

Lukas (Lukas 24,1–12) setzt wiederum einen anderen Akzent. Er bleibt weithin bei der Darstellung des Markus, lässt aber am Ende die Frauen ihr Erlebnis den Jüngern berichten. Und dann geht es ihm um unterschiedliche Reaktionen: Alle halten das, was die Frauen berichten, für Geschwätz, nur Petrus bewegt sich, läuft zum Grab und gerät ins Staunen. Wenig später, von Lukas in die Emmausgeschichte eingefügt, erscheint ihm der Herr. Erst bei einer weiteren Erscheinung wird von Freude über den Auferstandenen gesprochen. Es geht Lukas in dieser Darstellung um einen Lernprozess, der stellvertretend für alle Jünger an Petrus aufgezeigt wird. Die Auferstehung Jesu übersteigt so sehr alle bisherigen Vorstellungsweisen, dass erst mühsam eine neue, bildhafte Sprache gesucht werden muss, um dieses unbegreifliche Geschehen mitzuteilen.

Johannes, der letzte Evangelist, bringt in seiner Darstellung vom leeren Grab (Johannes 20,1–18) mehrere Erzählstränge zusammen. Den Rahmen bildet Maria von Magdala, die zum leeren Grab läuft (Vers 1), dort den Engeln begegnet (Verse 11–13), dann Jesus selbst und zum Glauben kommt (Verse 14–18). Dies ähnelt stark der Darstellung des Markus. In diesen Text ist dann allerdings die Erzählung vom Wettlauf der beiden Jünger (Petrus und der andere Jünger, den Jesus liebte) eingebettet. Auch hier führt das leere Grab allein zumindest bei Petrus noch nicht zum rechten Verständnis des unfassbaren Ereignisses.

Neben den Grabesgeschichten gibt es eine Reihe weiterer *Erscheinungsgeschichten* ohne Bezug zum Grab. Hier soll nur ein Blick auf die bekannteste von ihnen, die Emmausgeschichte (Lukas 24,13–35), geworfen werden. Sie ist nicht allein der erzählerisch schönste Osterbericht der Evangelien, sondern macht gewichtige Aussagen zur Weise, wie Christen Jesus als lebend und ihr Leben begleitend erfahren können.

Der Auferstandene erscheint hier zum einen als Mensch wie jeder andere (er geht mit ihnen, ohne dass sie ihn erkennen), zum anderen entzieht er sich, als sie ihn erkennen. Es geht damit um einen personalen Prozess zwischen Jesus und den Jüngern (den Christen), um ein dynamisches Geschehen. Es geht um den Weg, der gemeinsam zurückgelegt wird. Auf diesem Weg – so sagt Lukas seiner Gemeinde, aber letztlich auch Christen heute – ist der Glaubende nicht allein.

Der Herr geht, wenn auch unerkannt, mit ihm. Ihn erkennen und ihm begegnen kann man auf zwei Weisen: durch das Wort der Schrift und durch das Brot. Im Mahl lässt der Herr sich erkennen – ein deutlicher Hinweis auf die Eucharistie der ersten Gemeinden. Wer im Mahl dem Herrn begegnet, hat dann auch die Kraft, einen weiten Weg (nach Jerusalem, in den Bereich des »Todes und der Hoffnungslosigkeit«) zu gehen und dort die Botschaft der Auferstehung (des neuen Lebens und der Hoffnung) zu verkünden. Das österliche Bekenntnis zum Auferweckten wird hier angebunden an die Feier der Eucharistie. Es ist erkennbar, dass dies eine weiterführende theologische Deutung des Evangelisten darstellt, keinen historischen Rückblick auf ein konkretes Ereignis nach Ostern. Wohl aber sind in diese theologische Deutung all die Erfahrungen eingeflossen, welche die Jünger und die Christen der ersten Gemeinden mit dem Auferstandenen gemacht haben: Die Suche nach dem Herrn findet in der Eucharistie ihr gutes Ende.

Auch wenn die Evangelientexte vom Auferstandenen unterschiedliche Akzente setzen, so gibt es gemeinsame Linien:

- Jüngerinnen und Jünger kommen zum Grab und finden es leer. Doch das leere Grab bewirkt noch keinen Glauben an die Auferweckung Jesu.
- Wie oft in der Schrift deuten Engel ein Geschehen als Einwirken Gottes auf die Geschichte der Menschen. So auch hier: Wovor die Jünger fassungslos stehen, ist die Begegnung mit Gottes Leben schaffender Kraft, die sich in Jesus zeigt.
- Erst die Begegnungen mit dem Auferweckten selbst führen die Jünger auf unterschiedliche Weise zum Glauben. Sie machen Erfahrungen, die sie nicht angemessen mitteilen können.
- Doch die Begegnung mit dem Auferweckten verändert ihr Leben grundsätzlich. Sie werden zu Zeuginnen und Zeugen nunmehr nicht allein der Botschaft Jesu (wie zur Zeit seines irdischen Wirkens, als sie von ihm ausgesandt

die Botschaft vom Reich Gottes verkündeten), sondern ebenso der Person Jesu, des auferstandenen Herrn, des Christus Gottes. Jesus als Verkünder einer Botschaft wird den Jüngern durch ihre Ostererfahrung zum Verkündeten.

- Die Texte schildern nicht als historische Berichte ein geschichtlich fassbares Geschehen, sondern sind eine grundsätzlich andere Textsorte. Sie geben Glaubenserfahrungen wieder und wollen zum Glauben ermuntern. Die Hörer der Evangelien sollen zu einer Lebenswende kommen wie Maria von Magdala, wie Petrus und die anderen Jüngerinnen und Jünger. Sie sollen einstimmen in das Bekenntnis der Jünger: »Jesus Christus ist der Herr.«

Die Briefe des Paulus –

die Auferweckung Jesu und unsere Auferweckung

Die sieben echten Paulusbriefe (Römer, 1 und 2 Korinther, 1 Thessalonicher, Galater, Philipper, Philemon) sind für unser Thema aus zwei Gründen von hoher Bedeutung: Zum einen finden sich darin einige der »Kurzformeln des Glaubens«, auf die wir bereits näher eingegangen sind (s.o. Seite 47ff.), erste Bekenntnisse zur Auferweckung Jesu noch aus vorpaulinischer Zeit, die Paulus aufnimmt. Dabei wurde bereits auf eine innere Entwicklung hingewiesen: Aus dem Bekenntnis »Der Herr ist auferweckt worden« wurde das den Glaubenden stärker persönlich betreffende Bekenntnis »Der Herr ist *für mich* auferweckt worden«.

Zum anderen führt Paulus genau diesen Gedanken an verschiedenen Stellen weiter, die im Folgenden zu betrachten sind. Tod und Auferweckung Jesu durch Gott in einer Neuschöpfung, zu einem neuen Leben, werden zum *Modell* für den Weg jedes glaubenden Menschen durch den Tod hindurch zur Auferweckung und Vollendung bei Gott. Wie kommt Paulus nun zu einer solchen entscheidenden Aussage?

Die Grundlage paulinischen Denkens liegt wohl in einem biografischen Ereignis, das sein Leben entscheidend prägte und völlig veränderte. Es ist die persönliche Glaubenserfahrung des Paulus vor Damaskus (vgl. die dreifache [!] Darstellung des Lukas in Apostelgeschichte 9,1–22; 22,3–16; 26,8–20; dazu die eigene Sicht des Paulus in Galater 1,11–17). Sie wird meist als »Bekehrung« des Paulus bezeichnet, obwohl diese Bezeichnung falsch ist: Paulus war vor dem Damaskusereignis ein gläubiger Mensch und blieb es danach; er brauchte nicht zum Glauben bekehrt zu werden. Wohl aber geschieht nun eine Anbindung an Christus, den Auferweckten, und die Beauftragung zur Verkündigung dieses Auferweckten und der damit verbundenen Hoffnung auf Auferweckung für alle. Lukas hat das richtig erkannt, wenn er in seinem dritten Bericht als Ausgangsfrage des Damaskusereignisses formuliert: »Warum haltet ihr es für unglaubhaft, dass Gott Tote auferweckt?« Und er schließt diesen Absatz mit dem Verkündigungauftrag, der an Paulus ergeht (Apostelgeschichte 26,9.20). Hier haben wir in konzentrierter Form den Vorgang, den auch die anderen Jüngerinnen (etwa Maria von Magdala) und Jünger (etwa Petrus und Johannes) erlebten: Aus der Begegnung mit dem Auferweckten erwuchs ihnen Mut und Kraft, nunmehr diesen Auferweckten als Hoffnung für alle zu verkünden. Von da aus darf sich Paulus auch zu Recht als Apostel bezeichnen.

Für Paulus ist also die Erscheinung des Auferweckten der Wendepunkt, die zentrale Glaubenserfahrung seines Lebens. Am konkreten Leben Jesu und an seinen Predigten hat Paulus nie viel Interesse gehabt. Er hat ihn ja auch nicht persönlich erleben können. Doch anders als die Evangelisten, die Jesus auch nicht persönlich kannten, aber auf bereits vorhandene kleine Erzählstücke über das Leben und Wirken Jesu zurückgriffen, tut Paulus das in seinen Briefen nicht. Für ihn sind allein das Kreuz und die Auferweckung wichtig – Kreuz und Auferweckung sind die Mitte der paulinischen Botschaft.

Dabei ist das *Kreuz* für sich genommen für Paulus Torheit, Ärgernis: »Wir verkündigen Christus als den Gekreuzigten, für Juden ein empörendes Ärgernis, für Heiden eine Torheit« (1 Korinther 1,23). Nach jüdischem Verständnis war der Gekreuzigte einer, auf dem der Fluch Gottes lag; deshalb – und das gilt für Juden bis heute – ist die Verehrung eines Gekreuzigten eine Perversion des Glaubens. Aber der Jude Paulus bleibt nicht beim Kreuz, das wäre von seinem Werdegang her unmöglich und konnte nur zur Verfolgung der an einen Gekreuzigten Glaubenden führen. Das Offenbarwerden des Gekreuzigten als des Lebenden (gleich wie diese innere Erfahrung des Paulus vorzustellen ist), sein Damaskuserlebnis mit seiner Berufung – das verändert sein Leben und wird zum tragenden Grund, auf dem sein ganzes weiteres Denken und Schaffen aufbaut.

Für Paulus ist der Glaube an Jesus, den Christus Gottes, nicht denkbar ohne den Glauben an die Auferweckung. Wenn Christus nicht von Gott auferweckt und dadurch bestätigt worden ist, dann ist unser Glaube »leerer Wahn«, dann ist er ein gescheiterter Prophet, vielleicht ein besonderer Mensch, aber nicht der erhoffte Messias, der Heil und Rettung bringt.

Doch Paulus geht den entscheidenden Schritt weiter: Was für Jesus gilt, das gilt auch für die an ihn Glaubenden. Wenn Jesu Leben im Nichts des Kreuzestodes geendet hätte, dann würde auch unser Leben im Nichts enden. Doch wenn Gott Jesus erweckt, zu sich erhöht, dann dürfen wir von Jesus her die berechtigte Hoffnung haben, dass Gott auch unser unvollendetes Leben vollenden, erfüllen, zu sich aufheben wird. Ohne die Auferweckung von den Toten, so Paulus, bleibt unser Leben unvollendet, unerfüllt, heillos und sinnlos.

Paulus vertröstet dabei nicht auf das Jenseits. Im Gegenteil, er war ein Mensch, der mitten im Leben stand. Aber er erkennt, dass irdisches Leben immer begrenzt und im Letzten unerfüllt bleibt. Deshalb besteht seine Hoffnung im Glauben an die Vollendung in Gott selbst: Im Tod finden wir das Ziel unseres Lebens, wir kommen zu Gott und werden als Auferweckte wie Jesus in der Vollendung leben – gleich wie man sich dies konkret vorstellen muss.

Diese Vorstellungen hat Paulus besonders im ersten Brief an die Gemeinde in Thessaloniki und im ersten Brief an die Korinther ausgedrückt. Er schreibt:»Brüder [das meint alle Gemeindemitglieder, heute würden wir ›Schwestern und Brüder‹ sagen], wir wollen euch über die Verstorbenen nicht in Unkenntnis lassen, damit ihr nicht trauert wie die anderen, die keine Hoffnung haben. Wenn Jesus – und das ist unser Glaube – gestorben und auferstanden ist, dann wird Gott durch Jesus auch die Verstorbenen zusammen mit ihm zur Herrlichkeit führen ... Dann werden wir immer beim Herrn sein. Tröstet also einander mit diesen Worten!« (1 Thessalonicher 4,13–18)

Im Korintherbrief kehrt Paulus die Argumentation um: »Wenn aber verkündigt wird, dass Christus von den Toten auferweckt worden ist, wie können dann einige von euch sagen: Eine Auferstehung der Toten gibt es nicht? Wenn es keine Auferstehung der Toten gibt, ist auch Christus nicht auferweckt worden. Ist aber Christus nicht auferweckt worden, dann ist unsere Verkündigung leer und euer Glaube sinnlos. ... Wenn wir unsere Hoffnung nur in diesem Leben auf Christus gesetzt haben, sind wir erbärmlicher daran als alle anderen Menschen. Nun aber ist Christus von den Toten auferweckt worden als der Erste der Entschlafenen. Da nämlich durch einen Menschen [Adam] der Tod gekommen ist, kommt durch einen Menschen auch die Auferstehung der Toten. Denn wie in Adam alle sterben, so werden in Christus alle lebendig gemacht werden ... Der letzte Feind, der entmachtet wird, ist der Tod.« (1 Korinther 15,12–26)

Doch wie kann die Auferweckung geschehen? Hier kann Paulus naturgemäß keine konkreten Vorstellungen einbringen, sondern ist auf eine bildhaft-symbolische Sprache angewiesen. Er wählt das Bildwort von der Saat aus, die »sterben« muss, um dann zu neuem Wachstum auferweckt zu werden. Dies ist ein Bild, das später auch der Evangelist Johannes nutzt, um das Geschehen mit Jesus zu verdeutlichen: »Wenn das Weizenkorn nicht in die Erde fällt und stirbt, bleibt es allein; wenn es aber stirbt, bringt es reiche Frucht« (Johannes 12,24). Paulus führt dieses Bild weiter aus: »Nun könnte einer fragen: Wie werden die Toten auferweckt, was für einen Leib werden sie haben? Was für eine törichte Frage! Auch das, was du säst, wird nicht lebendig, wenn es nicht stirbt. Und was du säst, hat noch nicht die Gestalt, die entstehen wird ... So ist es auch mit der Auferstehung der Toten. Was gesät wird, ist verweslich, was auferweckt wird, unverweslich ... Gesät wird ein irdischer Leib, auferweckt ein überirdischer Leib ... Der erste Mensch stammt von der Erde und ist Erde; der zweite Mensch stammt vom Himmel ... Wir werden alle verwandelt werden ... die Toten werden zur Unvergänglichkeit auferweckt ...« (1 Korinther 15,35–55).

Es fällt auf, dass Paulus hier nicht auf die Begriffe der griechischen Philosophie ab Platon zurückgreift und von einem sterblichem Körper und einer unsterblichen Seele spricht. Eine solche Aufteilung des Menschen widerspricht semitisch-jüdischem Denken und damit auch der Auffassung des Juden, wohl aber hellenistisch gebildeten Paulus. Vielmehr geht er davon aus, dass der ganze Mensch mit all seinen Faktoren (die man mit Körper, Geist, Seele benennen kann) stirbt und vergeht. Seine Hoffnung aber geht dahin, dass Gott diesen ganzen Menschen in Vollkommenheit neu schafft – der irdische Mensch vergeht, der überirdische gelangt durch Gott zu neuem Leben.

All diese Gedanken und all die Hoffnung des Paulus drücken letztlich nur einen einzigen Gedanken aus:

Am Ende steht nicht das Nichts, sondern Gott.

Im Tod begegnen wir Gott selbst. Das aber bedeutet eine ganz neue Wirklichkeit, welche die Bedingungen unserer

Welt, unserer Zeit und unseres Raumes überschreitet, damit auch unsere Denkmöglichkeiten.

Die theologische Arbeit des Paulus kann nicht hoch genug eingeschätzt werden. Noch weit vor der Abfassung der Evangelien, ganz am Anfang der jungen Kirche, die allmählich über den jüdischen Raum hinauswuchs (ebenfalls wesentlich das Werk des Paulus), hat er die christliche Hoffnung in aller Klarheit zusammengefasst: Der Gekreuzigte ist der Auferweckte, der Lebende und dies ist das Modell auch für uns, für unsere eigene Auferweckung und Vollendung durch Gott und in Gott. Spätere Zeiten haben diese theologischen Bekenntnisse des Paulus dann in Glaubensformeln und -bekenntnisse eingebracht. So entstand aus einem frühen Römischen Bekenntnis (ca. 135 n. Chr.) im 3./4. Jahrhundert das »Apostolische Glaubensbekenntnis«, in dem es heißt:

Ich glaube an Jesus Christus ...
gelitten unter Pontius Pilatus,
gekreuzigt, gestorben und begraben,
hinabgestiegen in das Reich des Todes,
am dritten Tage auferstanden von den Toten.

Zusammenfassung – ein Evangelium der Hoffnung

Paulus und die anderen Autoren der neutestamentlichen Schriften gehen davon aus, dass die Auferweckung Jesu nicht allein eine Bestätigung des Lebens und der Botschaft Jesu darstellt, nicht allein sein Leben in eine neue Dimension ausweitet, sondern diesem Jesus von Nazaret eine neue Würde, einen neuen Stand zuweist. Ein (vorpaulinischer) Hymnus (Philipper 2,6–11) läuft auf die Aussage hinaus: »... damit jeder Mund bekennt: ›Jesus Christus ist der Herr‹ – zur Ehre Gottes des Vaters«. Paulus selbst schreibt: »Denn Christus ist gestorben und lebendig geworden, um Herr zu sein über Tote und Lebende« (Römer 14,9). Lukas bezeichnet in einer Predigt des Petrus Jesus als »Urheber des Lebens« (Apostelgeschichte 3,15). Für Paulus ist Christus der »neue Adam«, der Typos des neuen Menschen, der die Wende zum Heil gebracht hat. Christus »ist der Ursprung, der Erstgeborene der Toten; so hat er in allem den Vorrang« (Kolosser 1,18).

Aus diesem Glauben an Jesus Christus entsteht für die Menschen Hoffnung auch für ihren eigenen Weg, ein Ausblick über den Tod hinaus: »Wir wissen: Wenn unser irdisches Zelt abgebrochen wird, dann haben wir eine Wohnung von Gott, ein nicht von Menschenhand errichtetes ewiges Haus im Himmel« (2 Korinther 5,1). Gleiches drückt in anderer Weise der Verfasser des ersten Petrusbriefes aus: »Gott hat uns in seinem großen Erbarmen neu geboren, damit wir durch die Auferstehung Jesu Christi von den Toten eine lebendige Hoffnung haben ...« (1 Petrus 1,3).

Die Verkündigung dieser Hoffnung in Jesus Christus ist der zentrale Inhalt der ganzen neutestamentlichen Botschaft. Das Bekenntnis zur Auferweckung Jesu und damit verknüpft zur Hoffnung auf eigene Auferweckung ist somit – überspitzt gesagt – kein »Anhang« an eine neutestamentliche Botschaft, in der ansonsten ein irdischer Jesus eine Botschaft des Vertrauens auf Gott und der Zuwendung zum Nächsten verkündet. Von der gesamten Zielsetzung und Ausrichtung des Neuen Testamentes her ist das Bekenntnis zum auferstandenen und erhöhten Herrn, der uns durch Auferstehung und Erhöhung zur Hoffnung auf Heil wird, die Grundlage und der unverzichtbare Kern des christlichen Glaubens.

In einer vielfältigen (und für uns oft schwierigen) Bilderwelt drückt besonders das letzte Buch der Bibel, die Offenbarung, diese Hoffnung aus. So heißt es: »Ich sah einen neuen Himmel und eine neue Erde. Ich sah die heilige Stadt, das neue Jerusalem, von Gott her aus dem Himmel herabkommen. Ich hörte eine laute Stimme rufen: ›Seht die Wohnung Gottes unter den Menschen! Er wird in ihrer Mitte wohnen, und sie werden sein Volk sein. Und der Tod wird nicht mehr sein‹« (Offenbarung 21,1–5).

Diesem beeindruckenden Sprachbild lassen sich auch Bildworte aus den Gleichnissen Jesu über das kommende Reich Gottes zuordnen, etwa das vom Hochzeitsmahl, zu dem die Menschen an den Tisch (Gottes) geladen sind (vgl. Matthäus 22,1–14 und Lukas 14,15–24). Zudem können viele alttestamentliche Hoffnungsbilder hier eingeordnet werden, etwa des Propheten Jesaja (vgl. Jesaja 65,16–25). All diese Aussagen führte der Dichter George Bernanos (1888–1948) im Spruch zusammen: »Es gibt nicht ein Reich der Lebenden und daneben ein Reich der Toten. Es gibt nur das Reich Gottes, und lebend wie tot sind wir alle in ihm.«

Die Schriften des Neuen Testamentes kreisen in vielfacher Weise um die Auferweckung Jesu und die Heilsbedeutung dieses Ereignisses für die glaubende Gemeinde und für jeden Einzelnen, der sich zu Christus bekennt. Dabei lassen sich zusammenfassend verschiedene theologische Linien aufzeigen:

- *Jesus, der Gekreuzigte, bleibt nicht im Tod.*
  Gott greift vielmehr ein und erweckt seinen Christus, seinen Gesandten, zu neuem Leben. Damit bestätigt er Leben, Werk, Botschaft und Person dieses Jesus von Nazaret.
- *Jesus, der Gekreuzigte und Auferweckte, ist der Erhöhte.*
  Durch Gottes Eingreifen erhält Jesus eine neue Stellung, er wird zum Anführer des Lebens, zum Herrn, oder, mit den Bildworten des Johannesevangeliums gesprochen, zum Brot des Lebens, zum Licht der Welt, zum Weg zum Vater.
- *Menschen sind aufgerufen zum Glauben an den Auferweckten.*
  Die Verkündigung von Tod und Auferstehung Jesu stellt Menschen in die Entscheidung. Sie sind aufgerufen, sich im Glauben an den Auferstandenen zu binden und ihren Lebensweg mit Jesus zu gehen. Diese Bindung geschieht in konzentrierter Form besonders in den gemeindlichen Feiern von Taufe und Eucharistie.

- *Die Auferweckung Jesu bedeutet Hoffnung für alle.*
Wer sich an Jesus bindet, gewinnt eine neue Perspektive für sein Leben. Nicht allein für Jesus, sondern für jeden an ihn Glaubenden ist der Tod nicht das Ende, sondern ein Durchgang. Der Glaubende wird ebenso wie Jesus von Gott gehalten und zu neuem Leben erweckt.

Von diesen Grundgedanken der neutestamentlichen Botschaft her leitet sich die christliche Feier von Ostern ab. An Ostern wird die Auferweckung Jesu als Sieg über den Tod überhaupt bekannt und dankend gefeiert. Noch einmal Paulus: »Gott aber sei Dank, der uns den Sieg geschenkt hat durch Jesus Christus, unseren Herrn« (1 Korinther 15,57).

Mitten in der Finsternis
mitten in der Dunkelheit
mitten in der Nacht
mitten in Elend und Not
mitten in der Hoffnungslosigkeit

erstrahlt ein helles Licht
ein Feuer des Lebens
eine Quelle der Wärme
eine neue Lebensmöglichkeit
ein Hoffnungszeichen

Der Tod ist überwunden
das Leid hat ein Ende
neues Leben beginnt
Hoffnung scheint auf
Licht der Auferstehung

Ostern

Osterkerze 2022
in der Basilika von Kattowice, Polen

Ostern –
die Deutung der Theologie

Christ ist erstanden
von der Marter alle.
Des solln wir alle froh sein;
Christ will unser Trost sein. Kyrieleis.
Wär er nicht erstanden,
so wär die Welt vergangen.
Seit dass er erstanden ist,
so freut sich alles, was da ist. Kyrieleis.
Halleluja, Halleluja, Halleluja.
Des solln wir alle froh sein;
Christ will unser Trost sein. Kyrieleis.
Das älteste Kirchenlied in deutscher Sprache
ist ein Auferstehungslied.

Die Osterbotschaft des Neuen Testamentes, das Bekenntnis zu Tod und Auferstehung Jesu, bildet die Mitte christlichen Glaubens. Nachdem wir im vorangegangenen Kapitel die Aussage der Bibel, vor allem die des Neuen Testaments vorgestellt haben, sollen nun die Grundlinien dieser Osterbotschaft noch einmal aufgezeigt werden. Worum geht es an Ostern? Was bedeutet Ostern für uns heute? Wir konzentrieren diese theologische Sicht von Ostern auf vier Grundaussagen, denen dann vier Grundhaltungen christlichen Lebens entsprechen:

- Ostern bedeutet *Glaube*: Der Herr ist auferstanden.
- Ostern bedeutet *Liebe*: Einander aufstehen lassen.
- Ostern bedeutet *Hoffnung*: Das Reich Gottes hat begonnen.
- Ostern bedeutet *Freude*: Über den Tod lachen können.

Alles wird im Gedanken zusammengefasst:
Christen sind Protestleute gegen den Tod.

Glaube: Der Herr ist auferstanden

In einem modernen religiösen Lied heißt es:»Ich möcht', dass einer mit mir geht, der's Leben kennt, der mich versteht ...«. Diese Sehnsucht von Menschen nach Beziehung, Wegbegleitung, Zuwendung und Freundschaft wird in den Strophen dieses Liedes weiter ausgeführt und schließlich in der letzten auf Jesus bezogen: Weil dieser Jesus durch den Tod gegangen ist, kann er den Menschen durch Freud und Leid geleiten.

Was in diesem Lied in eher poetischer Form ausgedrückt wird, entspricht dem, was christlicher Glaube im Kern aussagt: Es geht weniger um ein Für-wahr-Halten von Glaubenssätzen und traditionellen kirchlichen Lehren. Es geht beim Glauben der Christen vielmehr um eine persönliche Beziehung, eine Bindung an diesen Jesus von Nazaret. Es geht darum, Jesus als den Christus zu bekennen, als den Gesalbten und Gesandten Gottes, als den Retter und Heiland, als den Herrn und Meister, als den, dem man vertrauen kann und deshalb nachfolgen möchte.

Christen sehen in diesem Jesus kein übernatürliches und deshalb uns Menschen fernes Wesen, sondern eine konkrete menschliche Persönlichkeit, die – historisch fassbar – in einer bestimmten Kultur, geografischen Region und geschichtlichen Zeit verwurzelt war. Die neutestamentlichen Berichte über Jesus stellen dabei keine Biografie dar, sondern sind bereits Glaubenszeugnisse, die aus einer umfassenderen, nachösterlichen Sicht der Jünger und Gemeinden geschrieben sind. Dennoch enthalten sie so viel an historischen Fakten und konkreten Aussagen, dass ein Bild dieses Menschen Jesus von Nazaret deutlich wird.

Jesus verkündete eine Botschaft, die viele Menschen betroffen machte, weil sie sich und ihr Leben darin wiederfanden und ihnen neue Perspektiven eröffnet wurden. Jesus zeigte in seinem Reden mit Menschen, in seinem Umgang besonders mit den Armen und Geringen, in seiner Begegnung mit Ausgestoßenen und Suchenden, in seinem Lehren vor den Jüngern oder der Volksmenge, welche Möglichkeiten im menschlichen Leben liegen. Er spricht Menschen in umfassendem Sinn Heil zu.

In diesem Wirken Jesu und in seiner Lehre geht es nicht allein um die *Botschaft* vom menschenfreundlichen Gott, vom »Gott-mit-den-Menschen«, sondern in der Person Jesu *begegnet* die Liebe Gottes den Menschen, wird der verborgene Gott sichtbar. Jesus ist der Weg zu Gott (vgl. Johannes 14,6), oder umgekehrt gesagt: Im Menschen Jesus eröffnet Gott einen Zugang, einen Weg zu sich selbst. Nichts anderes meint das Sprechen davon, dass Jesus der Christus, der Gesalbte und Gesandte Gottes, ist.

Die dem Menschen begegnende Liebe Gottes wird in neutestamentlicher Sicht besonders an den Wundern und Zeichen deutlich. Sie stellen Hinweiszeichen dar für das kommende Heil, das allen Menschen gilt: Alle sind dazu eingeladen, selbst die Menschen am Rande der Gesellschaft. Es gibt Überfluss – Brot für alle. Die Menschen sind von Leid, Behinderungen und Krankheiten befreit – das Leben wird heil. Naturgewalten bedrohen den Menschen nicht mehr – es herrscht Schalom, Frieden in der ganzen Schöpfung. Schließlich überwindet Gott in Jesus sogar die Macht des Todes – Tote werden auferweckt.

So ist der Name »Jesus« bereits Programm dieses Jesus von Nazaret, denn das hebräische »Jehoschua« (aramäisch Jeschua, daraus dann griechisch »iesous«) bedeutet »Gott rettet, Gott hilft«. Will man Leben, Lehren und Wirken Jesu zusammenfassen, so kann man sagen: Jesus bringt den Menschen anfanghaft und zeichenhaft den Schalom Gottes und damit Frieden, Heilsein, Harmonie in sozialen, wirtschaftlichen und religiösen Bezügen, die innere und äußere Übereinstimmung des Menschen mit sich selbst, mit seiner Umwelt und mit Gott.

Bereits das Leben und die Lehre Jesu bewirkten, dass ihm Menschen nachfolgten, sich seinem Weg anvertrauten. Doch die Nagelprobe, ob dieses Vertrauen zu Jesus als dem Maß-gebenden wirklich trägt, kam erst noch. Dann nämlich, als die Verfolgung und schließlich der Tod Jesu am Kreuz alles infrage stellte. Hatte dieser Mann aus Nazaret wirklich Recht mit seiner Botschaft von einem menschenfreundlichen Gott? Oder scheiterte am Kreuz mit dem Menschen Jesus auch seine Botschaft?

An dieser Stelle wird deutlich, warum Ostern so wichtig, ja für christlichen Glauben unersetzlich ist. Nur vom Oster-geschehen her macht der christliche Glaube überhaupt Sinn. Nur von Ostern her wird deutlich, dass dieser Jesus eben nicht gescheitert, im Tod geblieben und damit samt seiner Botschaft untergegangen ist. Vielmehr hat Gott ihn aus der Tiefe herausgeholt, auferweckt, erhöht und so als seinen Christus bestätigt. Mit der Erweckung, mit Ostern wird auch die Botschaft Jesu bestätigt und verbindlich gemacht.

Von nun an folgen Menschen nicht allein einer guten Bot-schaft, die Jesus verkündet hat, auch nicht einem beeindruckenden Menschen, der seine Botschaft lebte. Vielmehr folgen sie einem, der durch den Tod hindurchgegangen ist und so zur Brücke zwischen Himmel und Erde, zwischen Gott und den Menschen wurde. Jesus ist einer, der vorausgeht – nicht nur im Leben und auch nicht allein im Sterben. Jesus geht vielmehr einen Weg durch Sterben und Tod hindurch vo-raus in ein neues Leben, weil Gott ihn befreit und erhöht hat.

Die christliche Tradition versuchte, dies mit vielfältigen Aussagen und Ehrentiteln auszudrücken: Jesus, der Sohn Gottes, Jesus, ganz Mensch und ganz Gott, Jesus, Anfang und Ende, Alpha und Omega, Jesus, der Christus. In der Geschichte der Theologie hat man auf vielerlei Weisen versucht, dieses Geheimnis Jesu, sein Brücke-Sein zwischen Gott und Mensch auszusprechen: Von Person, Natur, Union und anderem war da die Rede. Doch wo man sich auf solche Begriffe einließ, die meist aus der griechischen philosophischen Begrifflichkeit stammen, gab es um die Person Jesu Streit und lange Auseinandersetzungen.

Gemeint aber ist bei allen theologischen Begriffen diese Brückenfunktion Jesu. Er ist ganz wie wir, ganz Mensch, gehört zu uns mit Freude und Leid, bis hin zum Tod. Nur weil er ganz Mensch ist, ist er für uns bedeutsam, gehört er zu uns, ist er der Maßstab unseres Lebens, können wir uns in unserem Handeln an ihm und seiner Botschaft ausrichten. Zugleich aber gehört Jesus auch ganz zu Gott, zeigt uns Gott, lässt Gott in dieser Welt aufscheinen. Gott spricht uns an in diesem Jesus von Nazaret. Nur weil Jesus ganz Gott ist, ist er uns voraus, ist er der Retter und Erlöser, der Heiland der Welt, lohnt es sich, das Leben an ihn zu binden. Jesus – der, der uns vorausgeht, dem wir folgen können.

Der *Glaube an diesen Jesus*, der Glaube »Der Herr ist auferstanden für uns« – das ist ein Erstes, das wir von der biblischen Theologie her mit dem christlichen Osterfest verbinden können. Ostern ist Ermunterung zum Glauben. Dies bedeutet das unbedingte Vertrauen darauf, dass Gott es mit dem Menschen gut meint und dass er ihn aus der Tiefe herausholt und zu neuen Lebensmöglichkeiten befreit. Begründet ist dieser Glaube durch das Handeln Gottes an Jesus. Wie Gott diesen Jesus, seinen Christus, bestätigt hat und aus der Dunkelheit des Todes in das Licht neuen Lebens holte, so vertrauen Christen darauf, dass auch ihr Leben in den guten Händen Gottes liegt und von ihm bewahrt und aufgehoben wird. Glaubende Menschen wissen, dass sie in allem Leid, ja selbst im Tod nie tiefer fallen können als in die Hände Gottes. Das schenkt Hoffnung und ermutigt zur Liebe, die nächsten beiden Abschnitte werden darauf eingehen.

Christen können von ihrem österlichen Glauben her den alten Psalm 40 in neuer Sicht beten: »Ich hoffte, ja, ich hoffte auf den Herrn. Da neigte er sich mir zu und hörte mein Schreien. Er zog mich herauf aus der Grube des Grauens, aus Schlamm und Morast. Er stellte meine Füße auf den Fels, machte fest meine Schritte. Er legte mir ein neues Lied in den Mund, einen Lobgesang auf ihn, unseren Gott« (Psalm 40,2–4).

Liebe: Einander aufstehen lassen

»*Ich-bin-da-für-euch*« (Exodus 3,14) – dieser dem Volk Israel geoffenbarte Gottesname stellt in der alttestamentlichen Theologie das Fazit der vielfältigen und sich im Detail manchmal widersprechenden Gotteserfahrungen dar. Mit diesem Gottesname wird gleichsam eine Überschrift über den jüdischen und christlichen Glauben gegeben; er ist ein *Zuspruch* und ein *Anspruch* an glaubende Menschen zu allen Zeiten.

Gleich dreifach nämlich klingen in diesem Gottesname die Erfahrungen an, die Einzelne, aber auch das ganze Volk Israel gemacht haben und die Israel – gleichsam als Zeichen unter den Völkern – an alle Völker weitergegeben hat:

- Unser Gott ist ein Gott, der aus der Not befreit.
- Unser Gott ist ein Gott, der immer neu Leben schafft und erhält.
- Unser Gott ist ein Gott, der in ein gutes Land führt.

Unser Gott ist ein Gott, der aus der Not befreit.
Die Erzählungen der Bibel von Mose und dem Volk Israel auf ihrem Weg aus der Knechtschaft Ägyptens in das verheißene Land bilden den Grundstock alttestamentlichen Glaubens (die Exodus-, Auszugstradition). Diese Tradition drückt die Grunderfahrung Israels, damit des jüdisch-christlichen Glaubens aus: Gott ist kein Sklavenhalter, kein Gott der Unterdrückung und Knechtschaft, sondern ein Gott der Befreiung, der Freiheit und des befreiten, gelingenden Lebens. Auch in späterer Zeit konnte Israel immer wieder diese Erfahrung einer Rettung durch Gott machen. In den Bedrohungen der Richterzeit, in den Wirrnissen der Königszeit, vor allem aber in der Situation des Exils in Babylon ergab sich immer wieder neu, dass Gott auf das Rufen der Unterdrückten hört und sein Volk aus der Knechtschaft in die Freiheit führt, ihm immer wieder die Chance eines Neubeginns schenkt.

Unser Gott ist ein Gott, der immer neu Leben schafft und erhält.
Wenn Gott Freund des Lebens dadurch ist, dass er sich besonders den Armen und Unterdrückten, den Menschen in Not zuwendet und ihnen Freiheit, Rettung und Heil zuspricht, dann wird diese Erfahrung in einem zweiten Schritt dahingehend erweitert, dass sie grundsätzlicher auf die Welt, auf den ganzen Kosmos hin geöffnet wird. So kann Israel – vergleichbar anderen umliegenden Kulturen – bekennen, dass Gott immer wieder Segen und Leben schenkt und dies von Anbeginn der Welt an.

Die beiden Schöpfungserzählungen in Genesis 1 und 2 wollen keine naturwissenschaftliche Einordnung der Geschehnisse am Anfang unserer Welt vornehmen. Sie stellen vielmehr den segnenden und Leben spendenden Gott vor Augen. Nicht um historische oder naturwissenschaftliche Aussagen geht es, sondern um das Bekenntnis, dass Gott und Mensch von Anfang an zusammengehören, dass sich die Welt und die Menschen darin der Liebe Gottes verdanken, dass Gott derjenige ist, der dem Menschen das Leben und die Lebensgrundlage schenkt. Gott ist der Freund des Lebens – so die Bibel – und deshalb ruft er Leben hervor und lässt es sich weiterentwickeln, deshalb schützt und segnet er das bunte und reiche Leben auf der Erde.

Die Erfahrung des befreienden Gottes, die für Israel immer vorrangig war, findet also im Bekenntnis zum Leben schaffenden Gott eine umfassende Ergänzung. Dies kann dann ausgeweitet werden in die Richtung hin, dass der Gott, der das Leben einmal geschaffen hat, es auch wiederum – und in anderer, überirdischer Weise (vgl. Paulus) – neu schaffen kann.

Unser Gott ist ein Gott, der in ein gutes Land führt.
Israel hat so mit seinem Bekenntnis zum befreienden Gott etwas zur Gegenwart des Verhältnisses von Gott und Mensch ausgesagt, mit seinem Bekenntnis zum Schöpfergott eher auf die Vergangenheit zurückgegriffen, von der aus dann al-

lerdings Linien in die Gegenwart und Zukunft führen. Eine dritte Sicht ist für den Glauben Israels aber mindestens so bedeutsam wie die beiden ersten Aspekte: Es ist der hoffnungsvolle Blick in die Zukunft, der den Glauben Israels immer geprägt hat und der auch auf christliches Denken übergegangen ist. Denn der Gott, der auf dem Weg begleitet (Abraham, Mose, das Volk Israel ...), der befreiend Leben schenkt und somit am Anfang von allem Leben steht (Schöpfung), dieser Gott ist auch den Menschen voraus: Er ist ein Gott der *Zukunft*, der dem Einzelnen und seinem ganzen Volk eine gute Zukunft eröffnet. Bildhaft spricht Israel deshalb von einem Gott, der Wege bahnt in ein gutes Land, ein Land voller Überfluss, in dem »Milch und Honig fließen« (vgl. Exodus 3,8). Der Glaube an Gott verheißt für Juden wie für Christen eine bessere Zukunft. Jüdisch-christlicher Glaube ist auf Hoffnung hin angelegt und sieht Gott als Ziel des Lebens. Er führt in ein Land, in dem es »keine Trauer, keine Klage, keine Mühsal, ja selbst den Tod nicht mehr gibt« (vgl. Offenbarung 21,4).

An dieser Stelle berühren die drei Aspekte jüdisch-christlicher Gotteserfahrung das Stichwort *Ostern*. Ostern ist das Fest des Gottes, der Leben will, nicht den Tod. Ostern ist das Fest des Gottes, der uns voraus ist, der als unser Ziel in der Zukunft noch vor uns liegt, der uns erwartet und zu dem hin wir ein Leben lang auf dem Weg sind. Somit erweist sich die Frage nach dem Tod und dem, was danach kommt, als Kernfrage österlichen Glaubens. Im »Umgang« mit dem Kreuzestod Jesu muss sich zeigen, ob Gott sich wirklich treu bleibt und sich als Freund des Lebens erweist. Genau dies erfahren die Jünger und die ersten Gemeinden und bekennen es mit der Verkündigung der Auferweckung Jesu: Aus dem Tod entsteht neues Leben, aus der Vernichtung Auferweckung. Das Kreuz ist nicht allein Zeichen der menschlichen Katastrophe, sondern ebenso und weiterführend das Zeichen des Sieges. Das Kreuz erweist nicht nur, wozu Menschen in Brutalität und Aggression fähig sind, sondern es erweist für den

Glaubenden, wozu Gott mit seinem Segen und mit seinem Leben spendenden Handeln fähig ist – ein Gott des Lebens, nicht des Todes.

Die Botschaft von Tod und Auferweckung Jesu stellt nicht nur im Blick auf Jesus selbst die Mitte christlichen Glaubens dar (Jesus – einer, der uns vorangeht). Auch dadurch, dass die Auferweckung aufzeigt, wie Gott ist, hat sie eine unübertreffliche Bedeutung. Hier wird erkennbar, dass Gott den Menschen über den Tod hinaus zu endgültigem und erfülltem Leben in seinem Reich beruft, und dass Jesus, der Christus Gottes, der Erste auf diesem Weg ist. Die Auferweckung verweist auf den barmherzigen und menschenfreundlichen Gott, zeigt ihn treu und verlässlich als Freund des Lebens und ist so die Grundlage christlicher Hoffnung.

All das feiern Christen an Ostern. Und so wird Ostern nicht allein von manchem Frühjahrsbrauchtum her für sie das »Fest des Lebens«, sondern vor allem von ihrem Gottesverständnis und Gottesbild. Christen bekennen sich an Ostern zu einem Gott des Lebens, der das Leben geschaffen hat, es erhält und es in unbegreiflicher Weise immer wieder aus dem Tod heraus und über den Tod hinweg neu erschafft. Jesus, der Christus, ist der Anfang dieser neuen Schöpfung Gottes: »Er ist das Ebenbild des unsichtbaren Gottes, der Erstgeborene der ganzen Schöpfung« (Kolosser 1,15). Zu ihm bekennen sich Christen an Ostern in der begründeten Hoffnung, dass sie ihm nicht nur im Leben nachfolgen können, sondern auch im Tod: in der Auferweckung durch Gott, den Freund des Lebens.

All das aber hat *Konsequenzen* nicht nur für den Glauben, sondern auch für die Lebensgestaltung der Christen. Denn dieser Gott fordert als »Freund des Lebens« (Weisheit 11,26) dazu heraus, dass auch wir Menschen zu »Freunden des Lebens« werden. Dieser Gott der Zuwendung und Liebe, der »Ich-bin-da-für-euch« fordert glaubende Menschen zu ebensolcher Liebe und Hingabe heraus. Dieser Gott, der umfassendes Heil, Schalom für alle will, fordert Menschen zu ebenso umfassenden Bemühungen um Frieden und Versöhnung, um Gerechtigkeit und sozialen Ausgleich, um Bekämpfung jeder Not heraus. Pointiert gesagt: Wer Ostern verantwortungsvoll feiern will, muss österlich leben, sich auf den *Zuspruch* der Liebe Gottes glaubend einlassen, aber ebenso auf seinen *Anspruch*, die Welt als Welt Gottes zu gestalten. Jesus hat diese Beziehung und diesen Anspruch im Doppelgebot der Gottes- und Nächstenliebe eindeutig formuliert (vgl. Lukas 10,27).

Ostern als Fest der Auferweckung Jesu (es sollte eher von Auferweckung als von Auferstehung gesprochen werden, um das Eingreifen Gottes deutlicher werden zu lassen) soll durch glaubende Menschen zu dem Fest werden, an dem Menschen ebenfalls zu neuem Leben »auferweckt« werden. Es macht deshalb Sinn, wenn am Ende der Vorbereitungszeit auf Ostern, am Passionssonntag zwei Wochen vor Ostern, die deutschen Katholiken aufgerufen sind, für das Hilfswerk Misereor zu spenden und so ein Zeichen des Erbarmens zu setzen. Wie Gott seinem Volk Erbarmen zeigt (lateinisch »misereor populi mei«), so sind Christen »österlich Beauftragte« zu umfassendem Erbarmen mit den Notleidenden.

Ebenso stellt die lateinamerikanische (und asiatische) Befreiungstheologie und die daraus erwachsende befreiende und helfende Praxis in den Basisgemeinden ein österliches Geschehen dar: Menschen können »aufstehen« gegen Unterdrückung und Not. Sie können »aufstehen« zu neuen Lebensmöglichkeiten, weil der Leben schaffende Gott – und durch ihn auch die Glaubenden – Partei für die Armen ergreift.

In unserem Land haben wir andere Verhältnisse als in Lateinamerika und dennoch ist auch bei uns ein befreiendes und helfendes Handeln in vielerlei Hinsicht notwendig. Auch bei uns sollte Ostern als Fest des Lebens nicht nur ein vom Brauchtum geprägtes Frühjahrsfest sein, auch nicht nur ein binnenkirchlich-liturgisches Fest der Erinnerung an die Auferweckung Jesu. Es sollte ein Fest des Lebens sein, das vom Glauben an den befreienden Gott und vom Beispiel

Jesu her (durch Tod hindurch zur Auferweckung) Befreiung von Zwängen und Ausbeutung, soziale Gerechtigkeit, Frieden und harmonisches Miteinander in den Blick nimmt. Ostern so zu feiern hat Konsequenzen im Alltag.

Das gilt auch für einen weiteren Aspekt, den der Verantwortung für das Leben. Weil Christen sich auf den Leben schaffenden Gott des Anfangs besinnen (Schöpfung), ihn zugleich als Wegbegleiter erfahren, deshalb tragen sie nach Kräften Verantwortung für das Leben in umfassendem Sinn. So mahnt Ostern (wie in anderer Weise auch das Erntedankfest im Herbst) den Schutz der Schöpfung, die menschliche Verantwortung für Tiere und Pflanzen an. Ostern fordert aber auch den Lebensschutz für Menschen, das Ende von Diskriminierungen und Marginalisierungen, die Sorge für die Menschen, die noch nicht oder nicht mehr allein für sich selbst sorgen können (Kinder und Alte) oder aufgrund von Behinderungen eingeschränkt sind. Ostern ist so das Fest der umfassenden Gemeinschaft aller, weil alle von Gott, dem Freund des Lebens, geliebt sind. Den anderen österlich lieben heißt dabei, ihn so zu sehen und in unbedingter Weise zu bejahen, wie Gott ihn sieht und bejaht.

Hoffnung: Das Reich Gottes hat begonnen

In der Regel bringen wir die Auferstehungsbotschaft von Ostern mit unserer persönlichen Zukunft in Verbindung: Für den Glaubenden ist Ostern die »Garantie« der eigenen Auferweckung durch Gott. Der Glaubende folgt Jesus durch den Tod hindurch zur Auferstehung. So heißt es in einem Kirchenlied:»Gib, dass wir stets deine Wege gehn, glorreich wie du aus dem Grabe erstehn.« An dieser Verbindung von österlicher Botschaft und persönlichem Schicksal ist richtig, dass jeder Mensch darauf vertrauen darf, dass er von Gott ganz angenommen und auch im Tod nicht fallen gelassen wird: Der rettende und erbarmende Gott zeigt sich dem

Menschen im Tod und führt ihn durch den Tod hindurch zu einem neuen, vollendeten Leben.

Dennoch ist diese Einstellung nur die eine Seite der Osterbotschaft. Denn kein Mensch ist isoliert von anderen, jeder und jede ist Teil der Welt und mit dem Schicksal der Welt und der Menschheit als Ganzer verbunden. Ostern und seine Auferstehungsbotschaft müssen deshalb auch in einer größeren Perspektive gesehen werden. Sie stellen nicht allein eine Verheißung für einen einzelnen Menschen dar, sondern eine Hoffnung für die ganze Welt. An Ostern hat Gott der ganzen Welt eine Zukunft eröffnet. Durch Ostern kann die Welt zu der ihr von Gott verheißenen Zukunft aufbrechen. Sie ist nicht mehr in sich selbst verschlossen und in ihren eigenen, begrenzten Möglichkeiten gefangen.

Diese innere Grenze der Welt muss deutlich gesehen werden: Karfreitag gab es nicht nur damals, sondern Karfreitag gibt es immer wieder, jeden Tag und überall in der Welt. Überall finden wir Leid, Böses und Schuld, überall und durch alle Zeiten hindurch ist das Leben belastet, eingeengt, gefangen. Mehr noch, das Leben der einen ist oft nur möglich durch das Sterben anderer. »Mitten wir im Leben sind mit dem Tod umfangen«, heißt es in einem alten, von Martin Luther weitergedichteten Liedtext. Selbst wo guter Wille vorhanden ist, lässt sich eine Verstrickung in Gewalt und Ungerechtigkeit nicht vermeiden. Obwohl die Menschheit genügend Erfahrung mit Unfrieden und Streit, Krieg und Terror gemacht hat, bestimmen kriegerische Auseinandersetzungen und Gewalt an vielen Stellen das Leben der Menschen. Obwohl die Menschheit genügend Erfahrung mit Not und Elend, mit Hunger und Krankheit gemacht hat, entstehen Leidsituationen durch weltweite Ungerechtigkeit und Rücksichtslosigkeit, durch Ausplünderung der Ressourcen und durch Vernichtung vielfältigen Lebens.

Solche und viele andere Beispiele lassen die menschliche Geschichte als eine Geschichte der Belastung und des Leids erkennen. Und: Der Mensch scheint aus dieser Verstrickung nicht herauszukommen. Hat er an einem Punkt eine Lösung gefunden, gibt es an anderen Stellen neue Schwierigkeiten. Er gleicht einem, der durch eine verschlossene Tür in ein Haus hineinkommen will: Wenn er mit Mühe die Tür geöffnet hat, ist dahinter wieder eine neue, ebenso verschlossene Tür. Und so geht es weiter – eine Geschichte der Absurdität und Hoffnungslosigkeit, so würden es Dichter wie Franz Kafka oder existenzialistische Philosophen wie Jean-Paul Sartre ausdrücken.

Genau an dieser tiefsten Stelle, der Summe enttäuschter menschlicher Hoffnungen, greift die Osterbotschaft ein. Die so belastete menschliche Geschichte wird durch Ostern radikal verändert, die Fesseln werden gesprengt, neue Horizonte eröffnet. Ostern ist nichts anderes als eine Situationswende der Menschheitsgeschichte. Denn Ostern bewahrt uns vor Resignation und Pessimismus. Ostern ist – christlich verstanden – *das* Fest der Hoffnung. Denn allen Erfahrungen zum Trotz hat sich das Leben als stärker erwiesen als der Tod, die Liebe stärker als die Gewalt, das Vertrauen stärker als die Enttäuschung.

Jesus selbst hat diese neuen Horizonte in seinen Predigten vom Reich Gottes aufgezeigt, wo er in vielerlei Bildworten auf eine umfassende und harmonische Gemeinschaft von Gott und Menschen verweist. Der Glaubende – so seine Botschaft – soll sich auf dieses Reich Gottes ausrichten, so wird er Heil in Fülle finden. Auch das Wirken Jesu im Zugehen besonders auf Menschen in Not und seine Wunder zeigen beispielhaft dieses mit ihm bereits angebrochene Reich Gottes auf. Nicht um die Überschreitung naturwissenschaftlicher Bedingungen geht es in den Wundern, sondern um Beispielerzählungen für das, was uns in Zukunft in Gott erwartet: Schalom und Heil ohne Grenze.

Die ungewisse Zukunft der Menschen steht unter einer neuen Verheißung, so wie sie am Ende der Bibel in ihrem letzten Buch ausgedrückt wird: »Dann sah ich einen neuen Himmel und eine neue Erde; denn der erste Himmel und die erste Erde sind vergangen, auch das Meer ist nicht mehr. Ich sah die heilige Stadt, das neue Jerusalem, von Gott her aus dem Himmel herabkommen ... Seht, die Wohnung Gottes unter den Menschen! Er wird in ihrer Mitte wohnen, und sie werden sein Volk sein, und er, Gott, wird bei ihnen sein. Er wird alle Tränen von ihren Augen abwischen: Der Tod wird nicht mehr sein, keine Trauer, keine Klage, keine Mühsal. Denn was früher war, ist vergangen«. (Offenbarung 21,1–4)

Die Stadt Jerusalem ist im letzten Buch der Bibel das Symbol für neues, von Gott geschenktes Leben und stimmt damit mit der Reich-Gottes-Predigt Jesu überein. Aufbauend bereits auf den Verheißungen alttestamentlicher Propheten (etwa Jesaja 25 oder 66) wird dieses von Gott kommende Jerusalem als *das* Hoffnungszeichen gesehen und damit einer anderen Stadt gegenübergestellt, die im ersten Buch der Bibel (vgl. Genesis 11,1–9) als Zeichen enttäuschter Hoffnung beschrieben wird: Babel ist das Sinnbild für die Überheblichkeit der Menschen, die wie Gott sein wollen. Babel ist aber auch das Sinnbild für die Ohnmacht des Menschen, für sein Versagen und seine Schuld. Babel ist die Stadt des Unheils. Jerusalem dagegen, nicht als geografischer Begriff, nicht als konkrete Stadt im heutigen Israel verstanden, sondern als symbolische Aussage, als geistig-geistliche Stadt ist die Stadt des Heils, ein Wohnort der Menschen, in dem es kein Leid, keine Schuld und keinen Tod mehr gibt. Jerusalem zeigt: Nicht der Mensch, sondern Gott wirkt das Heil.

Von Babel nach Jerusalem, das bedeutet Ostern. Gott kann aus den alten Steinen menschlicher Ohnmacht und menschlichen Versagens eine neue Stadt des Heils bauen, er kann den Tod zum Leben wenden. Gottes Geist schafft eine neue Welt, setzt einen neuen Anfang, eröffnet neue Möglichkeiten.

Christen bekennen von Ostern her: Der Geist Gottes verändert unsere Welt, weil durch ihn Auferweckung möglich wird, weil neues Leben aufbrechen kann, Menschen »aufstehen« können, Hoffnung für alle entsteht. Der Geist Gottes setzt gegen den überall in Erscheinung tretenden Tod Impulse neuer Lebenskraft. Auch das ist Auferstehung – verstanden nicht allein als persönliche Wende nach dem Tod, sondern als Wende gegen all die vielen Tode mitten im Leben.

Ostern bedeutet: *Das Reich Gottes hat schon mitten unter uns begonnen.* Denn unser Gott ist ein Gott des Lebens, nicht des Todes, er will unser Leben vollenden, er ist ein Gott der Hoffnung und der Zukunft. Aus diesem Glauben haben Menschen aller Zeiten Kraft für ihr Leben geschöpft.

Dies kann auch für Christen unserer Zeit gelten. Gegen alles Vertrauen in menschliche Kraft und menschliche Fähigkeiten, auch gegen den übersteigerten Machbarkeitswahn unserer Zeit, gegen ein rücksichtsloses Ausnutzen von Natur und Lebewesen setzen Christen ihre Hoffnung darauf, dass unsere Zukunft nicht allein in unseren eigenen, oft schwachen Händen liegt, sondern in den guten Händen Gottes. Dieses Vertrauen auf Gott schenkt Gelassenheit und Ruhe – auch in schweren Situationen. Diese Zuversicht gibt Kraft, Ausdauer und den Mut, neue Wege zu beschreiten, selbst wenn der eigene Lebensweg nicht einfach ist. Solches Vertrauen kann die Grundlage eines gelingenden Lebens sein.

Allerdings bedeutet dieses Vertrauen keineswegs, dass man nun die Hände in den Schoß legen und sich nicht selbst bemühen müsse. Jeder bleibt verantwortlich für die eigene Zukunft und für die anderer. Menschen müssen sich mit ganzer Kraft, mit ihrem Herzen und mit ihrer Seele einspielen auf die Zukunft Gottes. An Gottes guter Zukunft für alle soll der Mensch mitwirken – so wird er zum österlichen, zum hoffnungsvollen, zum von Gottes Geist geführten Menschen.

Freude: Über den Tod lachen können

Der evangelische Schweizer Pfarrer und Dichter Kurt Marti (*1921) schreibt in der ersten Strophe seines Gedichtes »Auf dem Friedhof« folgende Zeilen:

Wenn ich gestorben bin – hat sie gewünscht –
feiert nicht mich und auch nicht den Tod,
feiert DEN,
der ein Gott von Lebendigen ist.

Im weiteren Verlauf des Gedichtes nennt Marti den Wunsch der Verstorbenen, dass sich die Trauergäste nicht dunkel kleiden (»das wäre nicht christlich«), sondern dass sie, hell gekleidet, heitere Lobgesänge singen sollen.

Was hier gegen alle Konvention, auch gegen alle berechtigte Trauer beim Verlust eines Menschen, angemahnt wird, ist eigentlich eine österliche Haltung, ein Ernstnehmen christlichen Glaubens: Wenn wir an Gott als den Freund des Lebens glauben, wenn wir bekennen, dass er Jesus als Ersten zu neuem Leben auferweckt hat und dies als Modell für unsere eigene Auferweckung gilt, wenn er ein Gott der Zukunft und des umfassenden Heils ist, dann gewinnen auch Sterben und Tod einen anderen Stellenwert. Das christliche Lied bleibt auch im Sterben und im Tod das »Halleluja«, das »Lobt Gott, der Herr ist über Leben und Tod«.

Es ist auffallend, dass sich diese Haltung glaubender Menschen in vielen Kulturen und Religionen wiederfindet. Nur drei Beispiele:

- Jüdisch-chassidische Tradition: In der Stunde seines Todes sagte der Baal-schem-tov: »Jetzt weiß ich, wozu ich geschaffen worden bin.« – Das Ziel des Lebens ist im Tod dadurch erreicht, dass man in die Einheit mit Gott eingeht, eine hoffnungsvolle Perspektive.
- Islamische Tradition: Es wird ein Hadith [ein religiös zu deutendes Wort] Mohammeds überliefert, als eine seiner Frauen gestorben war und er – gegen den Brauch – keine Trauerkleidung trug: »Wer um einen Gläubigen trauert,

dem mangelt es am rechten Glauben.« – Am Glauben nämlich, dass der eine und einzige Gott für den Glaubenden das Glück des Paradieses bereithält.

• Schamanistische Tradition: Von mongolischen Stämmen wird berichtet, dass sie nicht sagen »Wenn ich gestorben bin ...«, sondern »Wenn ich umgeboren werde ...« – Sterben als neue Geburt, als Tor zu neuem Leben.

Dem letzten Beispiel vergleichbar ist übrigens ein Brauch in der frühen christlichen Kirche ab dem 4. Jahrhundert. Dort wurde der Todestag der Märtyrer als »dies natalis«, als »Geburtstag« in ein neues Leben bezeichnet und entsprechend das Gedenken an Märtyrer an diesem Todes-Geburtstag gefeiert – ein guter Brauch christlicher Hoffnung bis auf den heutigen Tag.

Gegen die zwar menschlich verständliche Trauer angesichts des Todes von Angehörigen setzt auch der bedeutende Kirchenlehrer Hieronymus (347–420) einen deutlichen Akzent: »Wir wollen nicht trauern, dass wir ihn verloren haben, sondern dankbar dafür sein, dass wir ihn gehabt haben, ja, auch jetzt noch besitzen. Denn wer heimkehrt zum Herrn, bleibt in der Gemeinschaft der Gottesfamilie und ist nur vorausgegangen.«

Es gibt Kulturen, die einen für Europäer befremdlichen Umgang mit den Toten haben. Bekannt ist aus Mexiko etwa das »Fest der Toten« am 2. November (Allerseelentag). Die indigenen Völker haben ein unbefangenes Verhältnis zum Tod. Er hat für sie nichts Entsetzliches, sondern er verheißt Befreiung und neues Leben. Deshalb kauft man für diesen Tag Brote und Zuckerwaren in Form von Totenschädeln. Totenschädel (allerdings aus Plastik) tauchen selbst als Spielzeug der Kinder auf. Die indigenen Völker glauben, dass die Toten einmal im Jahr zu ihren Familien zurückkehren. Deshalb gibt es an diesem Tag große Feste auf den Friedhöfen. Von Sonnenuntergang bis Sonnenaufgang schlagen die Glocken jede Minute an. Die Familie hält während dieser Nacht an den Gräbern ihrer Angehörigen Wache. Vor allem aber bereitet sie auf dem Grab ein Festmahl für alle Angehörigen vor. Man glaubt, dass die Toten daran teilhaben und sich ebenso wie die Lebenden stärken. Auf dem Friedhof wird musiziert, gesungen, getanzt, gegessen und getrunken. Das Leben besiegt den Tod.

In einer abgeschwächten Form gibt es eine solche Feier auch im Kaukasusstaat Georgien. Dort begeben sich die Familien am zweiten Osterfeiertag auf die Friedhöfe. Am Grab wird gegessen und guter Rotwein getrunken und die Verstorbenen bekommen auch ein Gläschen, das ihnen aufs Grab geschüttet wird. Hier ist durch den Ostertermin die Verbindung von Auferweckung Jesu und der Hoffnung auf Auferweckung verstorbener Angehöriger bzw. auf eigene Auferweckung deutlicher als in Mexiko.

Auf der Insel Madagaskar besteht ein noch ungewöhnlicherer Brauch: Dort graben die Angehörigen ihre Verstorbenen zum Totenfest Famadihana im November wieder aus den Gräbern aus und bringen die Überreste in eine Grasmatte verpackt in ihre Häuser. Die Lebenden feiern dann mit den Toten ein lautes und bewegtes Fest, eine »Party mit den Verstorbenen«. Dabei wird an Essen und Trinken nicht gespart – das ist man den Verstorbenen schließlich schuldig. Niemand ist traurig, das Totenfest ist ein Fest der Freude. Nach dem Fest werden die Toten wieder beigesetzt – bis zum nächsten Jahr.

Für unser Empfinden überschreitet eine solche Festgestaltung die Grenzen des guten Geschmacks, doch sollte uns die innere Haltung dieser Menschen nachdenklich machen. Nicht um Trauer, Abschied, Verlusterfahrung geht es ihnen (so wichtig dies alles auch ist), sondern um den tiefen Glauben an ein Leben nach dem Tod, um Hoffnung und Freude über neues Leben.

Nichts anderes ist Ostern: Ostern ist Ermunterung zur Freude. Lachen, Freude und Fest bedeuten Zustimmung und Bejahung der eigenen Person (»lebenslustig sein«), die Bejahung anderer Menschen (»einander anlachen«) und die

Bejahung der Welt und des Lebens überhaupt: Die Welt und das Leben sind eben nicht nur zum Weinen, wie Menschen das häufig erfahren. Sie sind für Christen in weit höherem Maß zum Lachen, weil sie auf den Gott vertrauen, der das Leben will und nicht den Tod, die Freude und nicht die Trauer, das Lachen und nicht den Schmerz.

Ostern heißt, über den Tod lachen zu können, weil wir in Gott Zukunft haben. Nicht umsonst hat es in der mittelalterlichen Kirche (besonders in Bayern vom 14.–19. Jahrhundert) den Brauch des Osterlachens, des Ostergelächters gegeben. Der Pfarrer musste während der Predigt oder am Ende des Gottesdienstes seine Gemeinde zu schallendem Gelächter bringen. Dies geschah durch Geschichten (»Ostermärlein«), aber auch durch deftige Gesten, Grimassen und skurrile Handlungen (etwa wie eine Henne zu gackern und dann unter dem Messgewand ein »selbstgelegtes« Ei hervorzuziehen). Die Reformatoren wandten sich gegen solch »närrisches und lächerliches Geschwätz« (Martin Luther). Doch wurde gegen diese Kritik der Einwand erhoben, dass es besser sei, vor lachenden Menschen zu predigen als in leeren Kirchen. Das Osterlachen sollte den Sieg über den Tod verdeutlichen: Er hat sich »an Jesus verschluckt« und ist so der Lächerlichkeit preisgegeben. Im 19. Jahrhundert wurde das Ostergelächter dann auch im katholischen Raum wegen seiner Auswüchse verboten.

Leider muss man sagen, denn, lässt man die Auswüchse beiseite, steckt doch etwas sehr Richtiges in diesem Brauch: Christen können über den Tod lachen, weil sie in der Auferweckung Jesu eine neue Perspektive haben, die über den Tod hinausführt. Das gemeinsame Lachen über den Tod ist eine ganzheitliche Glaubenserfahrung und hat etwas Befreiendes. Der Tod nämlich hat »nichts mehr zu lachen«, die Erlösten dagegen schon. Christen stimmen mit ein in das »Gelächter Gottes über den Tod« (Karl-Josef Kuschel). Österliches Lachen bedeutet Lebenslust, die Verheißung der Auferweckung betrifft den ganzen Menschen mit Körper,

Geist und Seele, nicht allein eine unsterbliche Seele (vgl. zur Vorstellung der Bibel und des Paulus von der »Ganzheit« des Menschen Seite 61).

Der Priester und Dichter Wilhelm Willms hat Ostern als »Anti-Tod-Festival« bezeichnet, und genau das ist Ostern auch:

das Fest des Lebens und des Lachens über den Tod.

Noch einmal:

Christen sind Protestleute gegen den Tod

Ewiges Leben, Auferweckung durch Gott, Begegnung mit Gott und Vollendung – all diese Kernpunkte österlichen Glaubens sind nicht mit wissenschaftlichen Methoden beweisbar, ja noch nicht einmal für den Verstand voll nachvollziehbar. Bei all dem geht es letztlich allein um *Vertrauen*: Kann ein Mensch sein Vertrauen auf einen letzten und tiefsten Grund, auf ein unsagbares Geheimnis des Lebens, auf Gott setzen? Die Alternative heißt: Sterben ins Nichts hinein und deshalb keine Hoffnung haben – oder sterben in Gott hinein und deshalb schon jetzt aus der Hoffnung leben.

An diesem Punkt muss jeder selbst entscheiden: Worauf setze ich mein Leben, worauf baue ich? Die Religionen der Welt und der christliche Glaube im Besonderen ermuntern zum Vertrauen, zum Feststehen im Glauben, zur lebendigen Hoffnung auf ein Reich des Friedens, der Gerechtigkeit, der Gemeinschaft und Liebe. Unser Los ist nicht Vernichtung, sondern Gemeinschaft mit Gott, dem Geheimnis unseres Lebens.

Christen jedenfalls dürfen aus österlicher Sicht glauben und hoffen:

- Der Mensch ist eine Einheit aus Leib, Seele und Geist oder wie immer man einzelne Aspekte seines Lebens ausdrücken mag. Diese Einheit hat wie alles in der Welt und wie

die Welt selbst einen Anfang, aber auch ein Ende:
Der ganze Mensch stirbt.

- Jüdisch-christlicher (und muslimischer) Glaube blickt auf Gott, den Schöpfer und Erhalter allen Lebens. Von da aus erwartet ein solcher Glaube, dass Gott der Herr über den Tod ist und das Leben will:
Gott ist ein Freund des Lebens.

- Christlicher Glaube blickt auf Jesus als Modell für jeden einzelnen Menschen: Er »wurde gekreuzigt, ist gestorben und wurde begraben, ist hinabgestiegen in das Reich des Todes«. Doch am »dritten Tag ist er auferstanden [wurde auferweckt] von den Toten, ist aufgefahren in den Himmel, er sitzt zur Rechten Gottes, des allmächtigen Vaters« (Apostolisches Glaubensbekenntnis). Die Hoffnung der Christen gründet in diesem Bekenntnis:
»Sind wir mit Christus gestorben, so glauben wir,
dass wir auch mit ihm leben werden.« (Römer 6,8)

- Christen vertrauen deshalb darauf, dass sie im Tod nicht ins Nichts hinein sterben, sondern sie haben die Hoffnung, dass sie »in Gott hinein sterben«, um dadurch »in ihm neu geboren zu werden.«
Gott ist unsere Zukunft, nicht das Nichts.

- Eine solche Neuschöpfung kann man nicht beweisen, wie man innerweltliche Vorgänge oder Naturgesetze beweisen kann. Letztlich muss jeder den Sprung des Glaubens unternehmen, das Wagnis christlicher Hoffnung auf sich nehmen.
Die Auferstehung der Toten kann man sich nicht vorstellen,
man muss die Hoffnung wagen.

- Über eine solche Neuschöpfung durch Gott kann man sich nur in Bildworten, in metaphorischen und symbolischen Ausdrücken verständigen. Die Bibel nennt viele solcher Bildworte, sie können durch weitere Bildworte und Vorstellungen unserer Zeit ergänzt werden.
Immer aber geht es dabei um das endgültige Ziel der
Vollendung.

Wo Christen aus dieser Sicht glauben und leben, da setzen sie gegen die »Allgegenwart« des Todes einen anderen, hoffnungsvollen, österlichen Akzent: Sie werden zu »Protestleuten gegen den Tod«. Denn sie setzen nicht auf den vielgestaltigen Tod, der uns umgibt, sondern auf den Leben schaffenden Gott. Sie setzen nicht auf Untergang, sondern auf Aufbruch durch die Kraft Gottes. Sie setzen nicht auf Vernichtung, sondern auf Neuschöpfung. Sie setzen nicht auf die vielen todbringenden Mächte dieser Welt, sondern auf die Vollendung im Reich Gottes. Christen sind in Glaube, Liebe, Hoffnung und Freude *österliche Menschen* und *Protestleute gegen den Tod.*

Wenn es eins gibt
was die Welt braucht
immer und immer wieder
dann ist es:
inmitten der Suche nach Sinn
Hoffnung erhalten, die trägt

Wenn es eins gibt
das für Menschen unverzichtbar ist
immer und immer wieder
dann ist es:
das Leben gestalten
aus der Hoffnung heraus

Wenn es eins gibt
was Christen auszeichnen kann
immer und immer wieder
dann ist es:
dass sie eine Hoffnung haben
und daraus leben können

Wenn es eins gibt
was Christen tun sollten
immer und immer wieder
dann ist es:
aus ihrer Hoffnung heraus
Hoffnung weiterschenken

Osterfeuer
in Finnland

Ostern –
die Liturgie

> Dies ist die selige Nacht,
> in der Christus die Ketten des Todes zerbrach
> und aus der Tiefe als Sieger emporstieg.
> Wahrhaftig, umsonst wären wir geboren,
> hätte uns nicht der Erlöser gerettet.
> O wahrhaft selige Nacht,
> von der geschrieben steht:
> »Die Nacht wird hell wie der Tag,
> wie strahlendes Licht wird die Nacht mich umgeben.«
> O wahrhaft selige Nacht,
> die Himmel und Erde versöhnt,
> die Gott und Menschen verbindet.
>
> *Aus der Osternachtsliturgie*

Die Auferstehungsbotschaft der Bibel (vgl. ab Seite 30) und die theologischen Gedanken, die sich mit der Feier von Ostern verbinden (vgl. ab Seite 68), sind im Laufe der zweitausend Jahre währenden Liturgiegeschichte christlicher Kirchen in unterschiedliche Gottesdienstformen mit einer Fülle von Zeichen und Symbolen, von Riten und Gebetstraditionen eingeflossen. Die Liturgie der christlichen Kirchen feiert den auferstandenen Herrn von folgenden Gesichtspunkten aus:

- Es geht um Lob und Preis Gottes, der an Jesus gehandelt und ihn nicht im Tod gelassen hat.
- Es geht um die dankende Erinnerung an Jesus, an sein Leben und seine Lehre, vor allem aber an sein Leiden, Sterben und Auferstehen.
- Es geht um die Vergegenwärtigung von Leiden, Sterben und Auferstehen Jesu und deren Beziehung zum Leben heutiger Menschen.

- Es geht um die Verkündigung der Mitte christlichen Glaubens nach innen und nach außen: nach innen als Glaubenslehre (Katechese) für die nachwachsende Generation wie als Vertiefung des Glaubens für die Gemeinde; nach außen als Zeugnis christlichen Glaubens vor der Welt.
- Es geht um die gemeinsame Feier des Glaubens in ganzheitlicher, mit allen Sinnen zu erfassender Form, Förderung von Gemeinschaft, christliche Liturgie als Fest Gottes mit den Menschen.
- Es geht um Impulse für ein Leben aus dem Glauben im Alltag: sich von der Auferstehungsbotschaft her den Menschen zuwenden und Hoffnungsträger sein.

Diese Aspekte haben an den einzelnen Festtagen der Heiligen Woche von Palmsonntag bis Ostern und in der darauf folgenden Osterzeit unterschiedliche Schwerpunkte.

Palmsonntag: Den Herrn begleiten

Die liturgische Farbe des Palmsonntags ist in der evangelischen Kirche *Violett*. Damit wird dieser Tag an die Passionszeit angebunden, er zählt auch als sechster Sonntag der Passionszeit. Das Thema Buße steht entsprechend im Vordergrund – es geht an diesem Tag noch um Vorbereitung auf das Geschehen der Heiligen Woche.

In der katholischen Kirche wird der Akzent mit der liturgischen Farbe *Rot* anders gesetzt. Hier fällt der Blick bereits auf das Leiden Jesu, was durch die Lesung einer der neutestamentlichen Leidensgeschichten deutlich wird. Der Palmsonntag setzt sich von der Österlichen Bußzeit (Fastenzeit), zu der er eigentlich noch gehört, eher ab und stellt das »Tor« zur Heiligen Woche dar.

Als Schrifttexte der sechs Predigtjahre in der evangelischen Kirche wurden ausgewählt:
- Johannes 12,12–19: Einzug in Jerusalem;
- Philipperbrief 2,5–11: Christushymnus;

- Markus 14,3–9: Salbung in Betanien;
- Jesaja 50,4–9: das dritte Gottesknechtlied;
- Johannes 17,1.6–8: Abschiedsgebet Jesu;
- Hebräerbrief 12,1–3: Jesus, Urheber und Vollender des Glaubens.

Die Texte verweisen also nicht allein auf das »historische« Geschehen des Einzugs in Jerusalem, sondern bieten vor allem Hinweise zur Bedeutung Jesu für den Glauben der Christen: Er ist der, der vom Vater zu uns herabkam; er ist der Gerechte, der Gottesknecht, der leiden muss.

In der katholischen Kirche wurden für die drei sich wiederholenden Lesejahre (A, B, C) folgende Lesungs- und Evangelientexte ausgewählt: Für alle drei Lesejahre gelten die beiden Lesungen:
- das dritte Gottesknechtlied, Jesaja 50,4–7,
- und der Christushymnus, Philipperbrief 2,6–11.

Als Evangelium wird zur Palmprozession die Geschichte vom Einzug in Jerusalem nach verschiedenen Evangelisten, im Wortgottesdienst dann die Leidensgeschichte gelesen:
- *Lesejahr A:* Matthäus 21,1–11 und 26,14–27,66.
- *Lesejahr B:* Markus 11,1–10 und 14,1–15,47.
- *Lesejahr C:* Lukas 19,28–40 und 22,14–23,56.

Neben dem Tagesgedanken (Einzug in Jerusalem) steht also die Leidensgeschichte im Vordergrund, die nach den drei synoptischen Evangelien gelesen wird (die Leidensgeschichte nach Johannes ist dem Karfreitag vorbehalten).

In den meisten Kirchen gibt es den Brauch, die Leidensgeschichte durch drei Personen vorzutragen: ein Erzähler, ein Sprecher mit den Worten Jesu und ein Sprecher mit den Worten der anderen beteiligten Personen. Durch diese Aufteilung erhält der lange (und der Gemeinde bekannte) Text Dramatik und Lebendigkeit. Ebenfalls ist es weithin üblich, dass man nach dem Bericht vom Tod Jesu eine Weile Stille hält, sogar zu stillem Gebet niederkniet und dann erst den Rest des Evangeliums mit dem Bericht vom Begräbnis Jesu hört.

Das Evangelium vom Einzug in Jerusalem ist ebenso wie die Palmprozession (im katholischen Bereich) nicht historisierende Erinnerung an damaliges Geschehen, sondern will eine Beziehung vom Weg Jesu zu unserem heutigen Weg knüpfen. So heißt es im einleitenden Gebet: »Mit Lobgesängen begleiten wir Christus, unseren König, in seine heilige Stadt; gib, dass wir durch ihn zum himmlischen Jerusalem gelangen ...« Christen folgen dem Herrn auf seinem Leidensweg, damit sie so auch Anteil erhalten an seiner Auferstehung und an seinem Leben.

Das Brauchtum des Palmsonntags kennt vor allem die grünen Zweige und die Palmprozession. Die Zweige (bei uns meist Buchsbaum) werden von den Gläubigen zum Gottesdienst mitgebracht (von den Kindern sind sie mancherorts zu Palmstecken mit farbigen Bändern gebunden), oder sie werden von der Gemeinde für alle bereitgestellt. Meist trifft sich die Gemeinde außerhalb der Kirche (etwa an einem Wegekreuz, an einer Kapelle oder auf dem die Kirche umgebenden Friedhof ...). Dort findet der einleitende Wortgottesdienst statt, der mit der Segnung der Palmzweige beginnt. Die Zweige werden an alle ausgeteilt – sie sind Zeichen der Verehrung Jesu und zugleich ein Zeichen dafür, dass man sich an ihn und an seinen Weg binden will. Entsprechend der Tradition werden die Palmzweige dann nach dem Gottesdienst zu Hause hinter ein Kreuz gesteckt und dienen das Jahr hindurch der Erinnerung an Jesus, seinen Leidensweg und an die Bedeutung dieses Geschehens für uns: Wir gehen unseren Weg durch das Jahr mit Christus.

Die Prozession führt die Gottesdienstgemeinde nun in die Kirche, wo nach einem einführenden Gebet die beiden Lesungen und die Leidensgeschichte vorgetragen werden.

Der Palmsonntag stellt liturgisch den Abschluss der Passionszeit (Österlichen Bußzeit) und zugleich den Beginn der Heiligen Woche dar. Er hat damit Brückenfunktion: Die Zeit der Vorbereitung ist nun zu Ende – in den kommenden acht Tagen wird die Mitte christlichen Glaubens gefeiert: Leiden,

Sterben und Auferstehen Jesu. Diese Feier aber fordert dazu auf, nicht unbeteiligt zu bleiben, sondern sich im Glauben und Leben an diesen Jesus zu binden, seinen Weg mitzugehen und so durch ihn Hoffnung zu erlangen. Der Palmsonntag stellt deshalb – richtig verstanden – ein Stück Christusmystik dar: Der Glaubende verbindet sich mit dem Herrn, gehe seinen Weg mit und weiß, dass er ihn auf dem Weg begleitet. Das ist der Grund österlicher Hoffnung.

Gründonnerstag: Gemeinschaft im Mahl

Die liturgische Farbe ist am Gründonnerstag in beiden Kirchen *Weiß* – Farbe des Festes und der Freude. Damit akzentuiert man einen der beiden Hauptgedanken dieses Tages: Es geht weniger um den Beginn des Leidensweges Jesu, sonst wäre die Tagesfarbe Rot. Wichtiger ist der Blick auf das Abendmahl Jesu und die durch Jesus gestiftete Mahlgemeinschaft, die auch für Christen heute zum Kern ihrer Glaubenspraxis gehört.

Als Schrifttexte der sechs Textreihen der evangelischen Kirche wurden für den Gründonnerstag bestimmt:
– Johannes 13,1–15: Fußwaschung;
– 1. Korintherbrief 11,23–26: Bericht von der Einsetzung des Herrenmahls;
– Markus 14,17–26: Abendmahlsbericht;
– 1. Korintherbrief 10,16–17: Teilhabe am Leib Christi;
– Exodus 12,1.3–4.6–7.11–14: Aufforderung zur Feier des Pascha;
– Hebräer 2,10–18: Christus – Urheber des Heils.

Durch die Auswahl der Texte wird der Schwerpunkt im Gottesdienst auf die Abendmahlstraditionen des Neuen Testaments gelegt, die durch Deutungen aus der Exodustradition und aus der neutestamentlichen Briefliteratur ergänzt werden. Beim Abendmahl geht es um erinnernde Vergegenwärtigung des Herrn: Er ist in unserer Mitte. Es geht um die innere Gemeinschaft mit ihm: Wir sind Glieder am Leib Christi. Es geht um die Heilsbedeutung Jesu, des Christus Gottes, und damit auch um die Bedeutung der Abendmahlsfeier als Feier der Gemeinschaft mit ihm: Er ist der Urheber des Heils.

In der katholischen Kirche wurden für alle drei Lesejahre folgende Lesungs- und Evangelientexte ausgewählt:
– Exodus 12,1–8.11–14: Aufforderung zur Feier des Pascha;
– 1. Korintherbrief 11,23–26: Bericht von der Einsetzung des Herrenmahls;
– Johannes 13,1–15: Fußwaschung.

Es fällt bei der Auswahl der Texte auf, dass – anders als in der evangelischen Kirche – kein synoptischer (Markus, Matthäus, Lukas) Abendmahlsbericht mit der Schilderung des Mahls als Evangelium gewählt wurde. In allen drei Jahren wird der johanneische Text gelesen, der nicht vom Abendmahl selbst, sondern von der das Abendmahl begleitenden Zeichenhandlung Jesu, der Fußwaschung, erzählt. Dadurch ergibt sich eine pointierte Aussage auf die feiernde Gottesdienstgemeinde hin: Es geht über die Mahlgemeinschaft hinaus um die Anbindung der Christen an das beispielhafte Handeln Jesu. Das gemeinsame Mahl soll der Stärkung zum Dienst an den Menschen dienen.

Der Text der jeweiligen zweiten Lesung gibt eine der Abendmahlstraditionen des Neuen Testamentes wieder, die erste Lesung greift auf die Exodustradition zurück. Die Schrifttexte der beiden Kirchen entsprechen einander, bis auf die Tatsache, dass in der evangelischen Kirche eine größere Vielfalt von Texten angeboten wird.

Beide Kirchen kennen – entsprechend der biblischen Tradition – abendliche Gottesdienste, die katholische Kirche kennt zusätzlich am Morgen des Gründonnerstags (oder in manchen Diözesen bereits an den ersten drei Tagen der Karwoche) jeweils in der Bischofskirche die »Chrisam-Messe«, in der die bei der Sakramentenspendung verwendeten Öle vom Bischof für alle Gemeinden geweiht werden: Chrisam

(= geweihtes Salböl) für Taufe, Firmung und Priesterweihe, Katechumenenöl für die Taufe, Krankenöl für die Krankensalbung. Von der Bischofskirche werden diese Öle dann an alle Gemeinden weitergegeben.

Im evangelischen Bereich wird der Abendgottesdienst mit Abendmahl gefeiert – auch dann, wenn in Gemeinden sonst Wortgottesdienste vorherrschen. In katholischen Gemeinden versteht man traditionellerweise den Gründonnerstagabend wegen des eucharistischen Bezuges als den »Geburtstag der Messe«. Meist wird dabei die Kommunion in der Gestalt von Brot *und* Wein ausgeteilt – die in der evangelischen Kirche allgemein übliche Praxis gibt es in der katholischen Kirche sonst nur bei besonderen Gottesdiensten.

Oft ist im katholischen Bereich nach der Messe Gelegenheit zur eucharistischen Anbetung. Das Gefäß mit den Hostien wird aus dem Tabernakel genommen und auf einem Seitenaltar oder an einem anderen würdigen Ort ausgestellt. Die Gemeinde oder ein Teil davon bleibt in stillem Gebet oder mit gemeinsamem Beten und Singen in der Kirche. Solche »Wachen« vor dem eucharistischen Brot, damit nach katholischem Verständnis vor Christus selbst, beziehen sich auf den Beginn der Leidensgeschichte, als Jesus seine Jünger am Ölberg fragt: »Konntet ihr nicht eine Stunde mit mir wachen?« An manchen Orten war es früher üblich, das nächtliche Gebet über die ganze Nacht auszudehnen.

Nach dem Abendmahlsgottesdienst wird in katholischen Kirchen der Altar abgedeckt: Blumen, Kerzen, jeglicher Schmuck, auch das Altartuch, werden weggebracht. Am Karfreitag bleibt der Altar somit kahl, und erst in der Osternacht wird er wieder geschmückt. Dies ist ein Hinweiszeichen auf den Tod Jesu und die Trauer, die Christen angesichts der Lebenshingabe Jesu empfinden. Dies klingt auch im Brauch an, vom Gloria der Gründonnerstagsmesse bis zum Gloria der Osternacht Orgel und Glocken, zudem die Schellen der Ministranten, schweigen zu lassen (»Die Glocken fliegen nach Rom«).

Karfreitag: Im Kreuz ist Heil

Die Bedeutung des Karfreitages wurde in den beiden großen christlichen Konfessionen unterschiedlich gesehen: Protestantische Christen betonten diesen Tag als den höchsten Feiertag des Kirchenjahres, weil für sie der Tod Jesu am Kreuz Erlösung bewirkt. Der Todestag Jesu war deshalb für evangelische Christen der Erlösungstag – die Mitte des Kirchenjahres. Katholische Christen betonten dagegen eher die Auferstehung Jesu und verbanden damit ihre Hoffnung auf die eigene Auferstehung. Deshalb war für katholische Christen Ostern der Erlösungstag – die Mitte des Kirchenjahres. Diese unterschiedlichen Anschauungen führten an der Grenze konfessionell unterschiedlicher Gebiete oft zu Spannungen: Wenn die protestantischen Christen am Karfreitag zur Kirche gingen, verrichteten Katholiken in manchen Gegenden bewusst häusliche Arbeiten, wie Fensterputzen und anderes mehr.

Heute sind solche kleinlichen Gegenüberstellungen konfessioneller Unterschiede nicht nur deshalb gegenstandslos geworden, weil man im Zusammenhang der ökumenischen Bewegung zu einem besseren Verständnis des anderen und zum Bemühen um ein gutes Miteinander gefunden hat. Man sieht auf beiden Seiten auch zunehmend ein, dass beide Tage unlösbar zusammengehören: Karfreitag *und* Ostern, Tod *und* Auferstehung – beides schafft Erlösung. So erhielten nach der Liturgiereform des II. Vatikanischen Konzils die Karfreitagsgottesdienste auch in der katholischen Kirche höhere Bedeutung. Umgekehrt versuchen an vielen Orten evangelische Gemeinden durch eine gut gestaltete Osternachtsliturgie einen besonderen gottesdienstlichen Akzent zu setzen.

Die liturgische Farbe ist am Karfreitag in der evangelischen Kirche *Schwarz* – Zeichen der Trauer und des Todes. Auch die katholische Kirche verwandte früher Schwarz, seit der Liturgiereform nach dem II. Vatikanischen Konzil (1962–1965) wählt man ebenso wie am Palmsonntag *Rot*, die Farbe des Leidens. Leiden und Sterben Jesu verweisen darauf, dass er seiner Botschaft der erbarmenden Liebe Gottes auch dann treu geblieben ist, als dies zur Verfolgung und zum Kreuzweg führte. Doch das Leiden und Sterben am Karfreitag kann nicht ohne den Blick auf Ostern gesehen werden, auf die Feier der Auferweckung Jesu durch Gott. Das Leben besiegt den Tod.

Die Schrifttexte der sechs Textreihen der evangelischen Kirche sind am Karfreitag:
– Johannes 19,16–30: Kreuzigung und Tod Jesu;
– 2. Korintherbrief 5,19–21: Gott hat in Christus die Welt mit sich versöhnt;
– Lukas 23,33–49: Kreuzigung und Tod Jesu;
– Hebräerbrief 9,15.26–28: Christus, der Mittler des neuen Bundes;
– Matthäus 27,33–50: Kreuzigung und Tod Jesu;
– Jesaja 53,1–12: das vierte Gottesknechtlied.

Anders als in der katholischen Kirche wird in den evangelischen Gemeinden am Karfreitag nur der Kern der Leidensgeschichte gelesen, allerdings in drei unterschiedlichen Fassungen (vgl. im katholischen Bereich die drei Fassungen am Palmsonntag über drei Jahre hinweg). Durch weitere Texte werden die Leidensgeschichten gedeutet und inhaltlich auf drei Aspekte hin geweitet:
• Christus stellt die Versöhnung zwischen Gott und den Menschen dar.
• Er ist somit der Mittler des Neuen Bundes, mit ihm beginnt Gott einen neuen Weg mit den Menschen.
• Schließlich wird er auf dem Hintergrund des prophetischen Liedes als der leidende Gerechte gezeichnet, der im Leiden mit den Menschen solidarisch ist.

In der katholischen Kirche sind die Schrifttexte in allen drei Lesejahren gleich:
– Jesaja 52,13–53,12: das vierte Gottesknechtlied;
– Hebräerbrief 4,14–16; 5,7–9: Jesus, der Hohepriester, ist Urheber des ewigen Heils;

– Johannes 18,1–19,42: Leidensgeschichte.
Die ausführliche Leidensgeschichte steht im Mittelpunkt des Karfreitagsgottesdienstes. In manchen Gemeinden wird sie durch Passionslieder unterbrochen und die Gemeinde durch Liedrufe und kurze Gebete aktiv einbezogen. Nach dem Lesen vom Tod Jesu wird meist eine Zeit der Stille eingeschoben, bevor der Evangelientext mit dem Bericht von der Grablegung Jesu endet. Ähnlich wie in der evangelischen Kirche wird die Leidensgeschichte durch weiterführende Deutungen anderer Texte ergänzt. Wie im evangelischen Raum ist es das vierte Gottesknechtlied, dazu kommt ein Text aus dem Hebräerbrief.

Die Gottesdienstzeiten unterscheiden sich in den beiden Konfessionen: Während im evangelischen Bereich in der Regel die übliche Zeit des sonntäglichen Gottesdienstes, also am Morgen, gewählt wird, ist der Zeitpunkt des Karfreitagsgottesdienstes in der katholischen Kirche auf 15 Uhr festgelegt, die mutmaßliche Zeit des Todes Jesu. Der Karfreitagsgottesdienst gewinnt so allein durch die ungewöhnliche Zeit bereits Aufmerksamkeit.

Der evangelische Gottesdienst ist in der Regel ein Wort- und Predigtgottesdienst, in manchen Gemeinden ist er wegen der Bedeutung dieses Tages mit der Feier des Abendmahls verknüpft.

Im katholischen Bereich ist der Karfreitagsgottesdienst keine Eucharistiefeier, sondern verzichtet bewusst auf die volle Feier der Eucharistie am Todestag Jesu. Allerdings schließt die Feier mit einer Austeilung der Kommunion in der Gestalt des Brotes – dies jedoch in einer bewusst schlichten Weise.

Der katholische Wortgottesdienst gliedert sich in ein einleitenden Teil mit stillem Einzug und Gebet am Anfang. Danach folgt der eigentliche Wortgottesdienst mit den Schrifttexten und der Predigt. Einen besonderen Akzent hat der Karfreitagsgottesdienst durch die »Großen Fürbitten«, die es in einer solch ausführlichen Form nur an diesem Tag gibt.

Danach folgt die Zeichenhandlung der Kreuzverehrung. Das mit einem violetten Tuch verhüllte Kreuz wird in feierlicher Prozession durch den Mittelgang der Kirche getragen und dabei Stück für Stück enthüllt. Ein dreifacher Ruf fordert die Gemeinde zur Verehrung des Kreuzes auf: »Seht an das Holz des Kreuzes, an dem der Herr gehangen, das Heil der Welt. Kommt, lasset uns anbeten.« Dies geschieht dadurch, dass die Gemeinde das vor dem Altar aufgestellte Kreuz durch Kniebeuge oder einen anderen Ritus verehrt.

Am Karsamstag finden in der Regel keine Gottesdienste statt – es ist die Zeit der Totenruhe, der »Grabesstille«. Besonders die orthodoxen Kirchen gedenken an diesem Tag des »Hinabsteigens Jesu ins Totenreich« – ein bildhafter Ausdruck dafür, dass Gott allen Menschen Heil schenken will, auch den bereits Verstorbenen.

Osternacht: Das Licht in der Dunkelheit

Zeitpunkt der wichtigsten österlichen Gottesdienste ist die Nacht zum Ostersonntag – nicht nur in der katholischen Osternachtsfeier, sondern auch in immer mehr evangelischen Gemeinden. Dies kann die beginnende Nacht sein (also etwa Beginn nach Einbruch der Dunkelheit gegen 21 Uhr) oder der frühe Morgen, bei dem man den Gottesdienst noch im Dunkeln der Nacht beginnt und dann in den hellen Ostermorgen hineinfeiert. Dies berührt das Thema, das solche Gottesdienste prägt: der Übergang von Dunkelheit zum Licht und damit vom Tod zum Leben, vom Chaos zur gottgewollten Ordnung, von Trauer zur Freude. Diese Thematik wird vor allem durch das Osterfeuer und die Osterkerze(n) aufgezeigt. Dahinter steht die Überzeugung: Christus ist das Licht, das die Welt erhellt.

Die liturgische Farbe ist in der Osternacht in beiden Kirchen *Weiß* – Farbe des Festes und der Freude. Ostern ist *das* Fest der Christen; hier ist die Ermunterung des Paulus an die

Christen besonders treffend: »Freut euch im Herrn zu jeder Zeit!« (Philipperbrief 4,4)

Als Schrifttexte für die Osternacht werden in der evangelischen Kirche vorgeschlagen:

- Matthäus 28,1–10: Die Frauen am leeren Grab und die Erscheinung Jesu vor den Frauen;
- Kolosser 3,1–4: Ihr seid mit Christus auferweckt;
- Jesaja 26,13–14.19: Deine Toten werden leben;
- 1. Thessalonicherbrief 4,13–14: Gott wird die Verstorbenen mit Jesus zur Herrlichkeit führen;
- Johannes 5,19–21: Der Sohn macht lebendig, wen er will;
- 2. Timotheusbrief 2,8: Wenn wir mit Christus gestorben sind, werden wir auch mit ihm leben.

Auffallend ist bei dieser Auswahl, dass nur eine Auferstehungserzählung der Evangelien aufgenommen wurde. Die anderen Texte stellen bereits theologische Deutungen und Weiterführungen dar. Dabei wird besonderen Wert darauf gelegt, dass die Auferstehung Jesu für den Glaubenden Hoffnung auf die eigene Auferstehung bedeutet. Jesus, der Christus, ist der Erste; durch Gottes Gnade können wir ihm folgen und werden mit ihm leben.

In der katholischen Osternachtsliturgie ist der »Tisch des Wortes« überreich mit Lesungen gedeckt, so reich, dass fast überall nur eine Auswahl daraus vorgetragen wird. Dabei sind die acht Lesungstexte aus Altem und Neuem Testament in den drei Lesejahren gleich, nur die Evangelien unterscheiden sich:

- Genesis 1,1–2,2: Erster Schöpfungsbericht;
- Genesis 22,1–18: Abraham soll Isaak opfern;
- Exodus 14,15–15,1: Durchzug durch das Rote Meer;
- Jesaja 54,5–14: Verheißung der Rettung;
- Jesaja 55, 1–11: Gott stillt den Lebenshunger der Menschen;
- Baruch 3,9–15.32–4,4: Alle, die an Gott festhalten, finden das Leben;
- Ezechiel 36,16–28: Ich gebe euch einen neuen Geist;

- Römer 6,3–11: Sind wir mit Christus gestorben, werden wir auch mit ihm leben.

Als Evangelien wurden in den drei Lesejahren A, B, C ausgewählt:
- *A:* Matthäus 28,1–10: Die Frauen am Grab und die Erscheinung Jesu vor den Frauen;
- *B:* Markus 16,1–8: Die Frauen am Grab;
- *C:* Lukas 24,1–12: Die Frauen am Grab.

Die Abfolge der Lesungen versucht, einen heilsgeschichtlichen Abriss des Handelns Gottes aufzuzeigen: von der Schöpfung über Abraham zum Auszug Israels aus Ägypten. Diese Linie der Zuwendung Gottes zu den Menschen führt über die Propheten und gipfelt in Jesus Christus. In ihm kommt das Handeln Gottes zu seinem Ziel, in ihm erfüllen sich die Verheißungen.

Sowohl im evangelischen wie im katholischen Gottesdienst hat die Wortverkündigung ihren besonderen Stellenwert. Diese wird im katholischen Bereich durch die Eucharistie, im evangelischen häufig durch das Abendmahl ergänzt, sodass sich zwei Schwerpunkte ergeben.

Die kirchliche Liturgie, nicht allein im katholischen Raum, sondern zunehmend auch wieder in protestantischen Gemeinden, greift zu einer Fülle von Symbolen und sinnenfälligen Handlungen, die das Geheimnis der Auferweckung Jesu deuten und feiern wollen (vgl. zu diesen Zeichen auch das Kapitel Brauchtum ab Seite 124).

In der katholischen Liturgie beginnt die Osternachtsfeier mit einem *Osterfeuer* vor oder im Eingang der Kirche. Feuer ist ein ambivalentes, doppelgesichtiges Symbol. Zum einen bedeutet es Gefahr und Zerstörung, zum anderen aber Licht, Wärme, Geborgenheit, Sicherheit. Die aufzüngelnden Flammen erscheinen lebendig, verweisen auf Lebenskraft. Man spricht auch vom Feuer der Liebe. All das klingt mit dem Osterfeuer an. In die Dunkelheit der Osternacht strahlt das Licht des Feuers auf – neues Leben beginnt mit dem Spiel der Flammen.

Am Osterfeuer wird die große *Osterkerze* angezündet. Sie ist Zeichen für Christus, der in dieser Nacht von Gott zu neuem Leben erweckt wird. Die Osterkerze ist mit rotem Wachs verziert: Die jeweilige Jahreszahl verweist darauf, dass die Geschichte der Menschen unter dem Schutz Gottes steht. Das eingeprägte Kreuz erinnert an Jesus, verbindet die Osternacht aber auch mit dem Karfreitag und dem Tod Jesu. Dies tun ebenso fünf rote Wachsnägel, die am Feuer in die Kerze eingedrückt werden: Sie erinnern an die fünf Wunden Jesu (Hände, Füße und der Lanzenstich in die Seite). Die griechischen Buchstaben Alpha und Omega, erster und letzter Buchstabe des griechischen Alphabets, deuten Christus als Anfang und Ende von allem und damit als Herrscher der Welt. Das Kreuz und die Buchstaben drücken die Hoffnung auf die Rettung der Welt durch den Auferstandenen aus. Die große Osterkerze hat das ganze Jahr über einen Ehrenplatz in der Kirche; sie brennt in der Osterzeit und bei Tauf- und Beerdigungsgottesdiensten.

Von der großen Osterkerze ausgehend werden nun die *kleinen Osterkerzen* der Gottesdienstbesucher angezündet, die sie nach dem Gottesdienst auch mit nach Hause nehmen: Christus ist das Licht der Welt, und Christen sind Lichtträger, die dieses Licht zu den Menschen bringen. Die kleinen Kerzen sind in der Regel in ähnlicher Weise mit rotem Wachs geschmückt wie die große: Jeder erhält das Licht Christi, oder anders gesagt: Wie Christus von den Toten auferweckt wurde, so wird Gott allen neues Leben schenken.

Die Osternacht war in der frühen Kirche *der* Tauftermin. Die Katechumenen, die sich über längere Zeit auf die Taufe vorbereitet hatten (oft über mehrere Jahre hinweg), wurden in die Gemeinschaft der an Christus Glaubenden aufgenommen. In der Taufe spricht Christus ihnen neues Leben zu. Immer häufiger wird auch heute die Osternacht als Tauftermin gewählt. Aber auch, wenn keine Taufe stattfindet, erfolgt im Gottesdienst mit der Segnung des *Taufwassers* eine Erinnerung an die eigene Taufe und mit dem Glaubensbekenntnis eine »Tauferneuerung«. Dazu passt besonders die Lesung aus dem Römerbrief:»Wisst ihr nicht, dass wir, die wir auf Christus Jesus getauft wurden, auf seinen Tod getauft sind?« (Römer 6,3). Damit ist zugleich auf die symbolische Bedeutung des Wassers verwiesen. Wasser bedeutet Leben, das Taufwasser Leben von Gott. Gerade in der Osternacht ist dieses Symbol angebracht.

Viele Gemeinden greifen nach der Osternachtsliturgie, gleich ob am Abend oder am Morgen, den Brauch der *Agapefeier* auf – die Gemeinschaft des Gottesdienstes wird in einem gemeinsamen Mahl fortgesetzt. Die durch den Auferstandenen geschaffene Gemeinschaft wird durch gemeinsames Essen und Trinken fortgesetzt. Bei solchen Feiern wird dann mit gebackenen Osterlämmern, Ostereiern und anderem auch auf Brauchtum zurückgegriffen, das mehr im privaten Bereich angesiedelt ist (vgl. ab Seite 136).

Ostersonntag und Osterzeit:

Die Botschaft weitertragen

Die liturgische Farbe ist am Ostersonntag – wie nicht anders zu erwarten – in beiden Kirchen *Weiß*.

Die Schrifttexte der sechs Reihen sind in der evangelischen Kirche für den Ostersonntag:
– Markus 16,1–8: Die Frauen am Grab;
– 1. Korintherbrief 15,1–11: Christus ist am dritten Tag auferweckt worden;
– Matthäus 28,1–10: Die Frauen am leeren Grab und die Erscheinung Jesu vor den Frauen;
– 1 Samuel 2,1–2.6–8: Danklied der Hanna – Der Herr macht tot und lebendig;
– Johannes 20,11–18: Jesus erscheint Maria von Magdala;
– 1. Korintherbrief 15,19–28: Erster ist Christus, dann folgen alle, die zu ihm gehören.

Neben drei Evangelientexten, welche die Auferstehungsbotschaft verkünden, steht in dieser Auswahl die Deutung des ersten Korintherbriefes und damit die Verbindung des Schicksals Jesu mit dem Schicksal der Christen. Aus der Botschaft der Auferweckung Jesu können Christen Hoffnung für sich selbst gewinnen. Der Text aus dem ersten Samuelbuch fügt dem einen weithin unbekannten Text des Alten Testamentes hinzu.

Die drei Lesejahre der katholischen Liturgie unterscheiden sich nicht. Vorgeschlagen sind:

- Apostelgeschichte 10,34.37–43: Predigt des Petrus über die Auferstehung Jesu;
- Kolosser 3,1–4: Ihr seid mit Christus auferweckt oder 1. Korintherbrief 5,6–8: Christus, das Paschalamm;
- Johannes 20,1–9: Petrus und der andere Jünger am Grab oder Lukas 24,13–35: Jesus und die Emmausjünger.

Der Hauptgottesdienst an Ostern ist in der Regel festlich gestaltet. Meist singt ein Chor oder es gibt besondere Instrumentalmusik. Viele Gemeinden legen auch Wert darauf, dass in diesem Gottesdienst Familien mit Kindern angesprochen werden. Die folgenden sieben Tage der Osteroktav haben liturgisch den gleichen Stellenwert wie der Ostersonntag.

Von Beginn der Kirche an war Ostern das zentrale Fest der Christen, andere Feste wie Weihnachten kamen erst im 4. Jahrhundert hinzu, nachdem das Christentum im Römischen Reich zur erlaubten Religion wurde und sich in der Öffentlichkeit freier darstellen konnte. Aus dieser Zeit stammt auch eine Ausfaltung der Osterthematik zu Tod und Auferweckung Jesu in eine längere, 50 Tage umfassende *Osterzeit*, an deren Ende Pfingsten gefeiert wurde. Noch später ergab sich eine Aufteilung der 50-tägigen österlichen Zeit in die drei Feste *Ostern*, *Himmelfahrt* und *Pfingsten*, die jeweils einen besonderen Aspekt der österlichen Feier betonen: Auferweckung, Erhöhung, Geistsendung.

Dabei konnte das Christentum auf den jüdischen Festkalender zurückgreifen, wo ebenfalls 50 Tage nach dem Pessachfest das »Wochenfest« (Schawuot) gefeiert wurde – als Erntedankfest der Weizenernte und als gedenkende Erinnerung an den Bundesschluss am Sinai. Erste Ansätze, die so wichtige Feier von Ostern auszuweiten, gab es bereits im 2. Jahrhundert; auch nennt Lukas bereits in der Apostelgeschichte das Pfingstfest mit einer gegenüber der jüdischen Tradition neuen Akzentuierung: Der Geist Gottes ergreift die Jüngerinnen und Jünger und schafft so die Gemeinschaft der Kirche, die völker- und sprachenübergreifend das neue Volk Gottes nicht nur aus Israel, sondern aus allen Völkern darstellt.

Die bereits anfanghaft in der alten Zeit beginnende Ausweitung der Osterfeier auf einen längeren Zeitraum wird im 4. Jahrhundert durch neue Akzente begründet: Das Fest Christi Himmelfahrt entsteht und wird auf den vierzigsten Tag nach Ostern gelegt – vierzig, die heilige Zahl der Bibel. Zuvor hatte sich bereits der Kerngedanke des fünfzigsten Tages, des Pfingstfestes nunmehr als Fest des Heiligen Geistes und als »Geburtstag« der Kirche immer mehr vom ursprünglichen Gedanken eines Gedenkens von Tod und Auferweckung Jesu gelöst. Dennoch: Ostern, Himmelfahrt und Pfingsten sind ein einziges Fest mit einem gemeinsamen Grundgedanken, das nur wegen seiner unübertroffenen Bedeutung für den Glauben der Christen weit ausgefaltet ist – das Bekenntnis zu Tod und Auferweckung Jesu ist seine innere Mitte und zugleich die innere Mitte des christlichen Glaubensbekenntnisses.

Seit der Liturgiereform nach dem Zweiten Vatikanischen Konzil werden die Sonntage der Osterzeit nicht mehr als Sonntage *nach* Ostern bezeichnet, sondern vom Ostersonntag beginnend als Sonntage *der Osterzeit*, ein kleiner, aber bezeichnender sprachlicher Unterschied, der auf die andauernde Feier von Ostern hinweist. Der *Weiße Sonntag* (bzw. 2. Sonntag der Osterzeit) beinhaltet einen besonderen Akzent. Wurde in der alten Kirche in der Regel in der Osternacht getauft, so behielten die Neugetauften ihre weißen

Taufkleider während der acht Tage der *Osteroktav* an und legten sie erst am Weißen Sonntag wieder ab (daher der Name, der nichts mit der Erstkommunion zu tun hat). Die Osteroktav hieß früher deshalb auch die Weiße Woche – erhalten hat sich das nach wie vor in der liturgischen Farbe Weiß für Ostern und Osterzeit, der Farbe hoher Festlichkeit und besonderer Bedeutung. Heute findet in den meisten Gemeinden die Erstkommunionfeier am Weißen Sonntag statt, wegen der zeitlichen Nähe zu Gründonnerstag und Ostern ein sinnvoller Termin.

Himmelfahrt: Erhöhung zu Gott

Das Fest *Himmelfahrt*, vierzig Tage nach Ostern, ist in unserer Zeit fast völlig von weltlichem Brauchtum überlagert worden (Vatertag). Dennoch setzt es einen wichtigen Akzent innerhalb des Bekenntnisses der Christen zu Jesus, der an Ostern selbst wegen der überragenden Bedeutung der Auferweckung Jesu zu neuem Leben nicht ausreichend bedacht werden kann: die Erhöhung des Menschen Jesus von Nazaret zu Gott, bildhaft und symbolisch entsprechend dem damaligen Weltbild als »Himmelfahrt« ausgedrückt.

Von einer Himmelfahrt wird in der Bibel mehrfach gesprochen. Dabei ist selbstverständlich nicht der Himmel der Naturwissenschaften (der »Himmel über uns«) gemeint, sondern ein religiöser und bildhafter Begriff von Heil: Himmelfahrt drückt aus, dass ein Mensch zu Gott erhöht ist. Eine nicht in der Bibel enthaltene Schrift erzählt von der Himmelfahrt des Mose, eine jüdische Legende von der Himmelfahrt des Jesaja. Im Alten Testament wird von der »Himmelfahrt« des (lebenden) Elija erzählt (2 Könige 2): In einem feurigen Wagen fährt Elija in einem Wirbelsturm zum Himmel auf. Für Christen sind vor allem die neutestamentlichen Erzählungen von der Himmelfahrt Jesu wichtig (am Ende des Lukasevangeliums, Lk 24,52, und am Anfang der Apostelgeschichte, Apg 1,9–11). Auch diese Texte möchten mit ihrer bildhaften Sprache letztlich nichts anderes verkünden, als dass der gekreuzigte und auferweckte Jesus zu Gott erhöht ist.

Die Terminierung von Himmelfahrt auf den vierzigsten Tag nach Ostern ergibt sich aus der Darstellung des Lukas in der Apostelgeschichte (»40 Tage ist er ihnen erschienen«) und der folgenden Erzählung über die Himmelfahrt Jesu (Apostelgeschichte 1,3–11).

Während der gesamten Osterzeit (und sonst nur bei Taufen und Exequien) brennt im katholischen Gottesdienst die Osterkerze – Zeichen der Auferweckung Jesu und damit unserer Hoffnung auf eigene Auferweckung.

Pfingsten: Gemeinschaft des Lebens

Das Pfingstfest beschließt die Osterzeit, die siebenwöchige Feier der Kernbotschaft christlichen Glaubens. Es ist entstanden aus dem Hinweis des Lukas in der Apostelgeschichte (Kapitel 2), dass sieben Wochen nach der Kreuzigung Jesu und nach den ersten Erfahrungen der Jüngerinnen und Jünger mit dem Gekreuzigten als einem von Gott Auferweckten und Lebenden die Jüngergemeinschaft in Jerusalem zusammenkam. Dies geschah anlässlich des jüdischen *Wochenfestes* (*Schawuot*). Dieses jüdische »Pfingstfest« war ursprünglich in der bäuerlichen Kultur des Vorderen Orients ein Erntedankfest für die Weizenernte (dort klimatisch bedingt früher als bei uns). Nach dem Exil und der Erneuerung jüdischen Glaubens in der Nachexilszeit wurde dieser Festgedanke überlagert durch die Erinnerung an den Bundesschluss Gottes mit seinem Volk am Sinai (vgl. Exodus 24 und 33,7–23 und 34). Das jüdische Fest der Bundeserneuerung vergegenwärtigt diesen Bund als Grundlage jüdischen Glaubens und macht ihn so für die Gegenwart erfahrbar. Für Christen war diese Sinngebung auf ihre Situation hin leicht anwendbar:

Durch Jesus ist ein neuer Bund geschlossen, dieser Bund wird an Pfingsten durch Gottes Geist besiegelt. Pfingsten ist das Fest dieses Neuen Bundes und deshalb auch des neuen Volkes Gottes, der Kirche.

Lukas erzählt in seinem zweiten Buch, der Apostelgeschichte, von diesem Ausgangspunkt der Kirche und danach in breit ausgeführten Texten von Petrus und Paulus und dem Weg der jungen Christenheit über Jerusalem hinaus bis zum Mittelpunkt der damaligen Welt, zur Hauptstadt Rom. Obwohl auch dieses Buch durchaus auf historischen Fakten basiert (etwa den Missionsreisen des Paulus) ist es kein Geschichtsbuch im heutigen Sinn, sondern eine theologische Erzählung, die rückblickend (etwa um das Jahr 90 geschrieben) das Geschehen am Anfang der Kirche als gottgewirkt und geistgestärkt deutet.

Im christlichen Kirchenjahr gehört Pfingsten zusammen mit Ostern und Weihnachten zu den drei Hochfesten und steht zusammen mit dem Fest Christi Himmelfahrt in einem unmittelbaren Zusammenhang zu Ostern. Durch die Liturgiereform ist die Anbindung an Ostern in den Gebeten und Schrifttexten der Liturgie wieder deutlicher geworden. Die liturgische Farbe ist *Rot* (als Farbe des Heiligen Geistes), sinnvoller wäre aber hier auch eine Änderung in Weiß gewesen, um durch das äußere Bild die Anbindung an Ostern auszudrücken.

Ich freue mich
mein Leben ist so reich
so bunt und vielfältig
ich danke dir

Ich freue mich
jeden Morgen neues Licht
jeden Abend Geborgenheit
ich danke dir

Ich freue mich
Brot zum Leben
vielgestaltige Lebenskraft
ich danke dir

Ich freue mich
Menschen, die mich mögen
die Sorge tragen für mich
ich danke dir

Ich freue mich
gehalten von deiner Kraft
geführt auf meinen Wegen
ich danke dir

Ich freue mich
du begleitest mich
schenkst deine Fülle mir
ich danke dir.

Ich freue mich
du lässt mich leben
unter deinem Segen
ich danke dir

Osterhase aus Birkenholz,
Hinterhermsdorf, Sachsen; Deutschland

Ostern –
das Fest

Wie das Ei zum Osterei wurde – eine Legende
Eines Tages ließ Maxentius, der Kaiser von Rom, Katharina, eine
Christin in der ägyptischen Hafenstadt Alexandria, zu sich rufen.
Er wollte von ihr mehr über den christlichen Glauben hören.
Katharina erfüllte seinen Wunsch gern und erzählte ihm vom
Leben und Sterben Jesu, vor allem aber von seiner Auferstehung.
Dies aber konnte der Kaiser nicht glauben: »Da musst du mir
einen Stein zum Leben erwecken, damit ich dir glaube.«
Am nächsten Tag kam Katharina mit einem fast ausgebrüteten
Entenei wieder zum Kaiser und hielt ihm das Ei entgegen. Es sah
aus wie ein grauer Stein. Doch auf einmal riss die kleine Ente
einen Spalt in die Schale und befreite sich dann ganz daraus.
»Scheinbar tot und doch lebendig«, sagte Katharina.
So wurde das Ei zum Zeichen für die unbegreifliche Auferstehung
Jesu.

Wir haben durch die Beschäftigung mit den biblischen
Quellen, mit den theologischen Deutungen und mit der
liturgischen Praxis der Kirche Ostern gleichsam »von innen« betrachtet, den inneren Kern von Ostern aufgezeigt,
der zugleich die Grundlage christlichen Glaubens darstellt.
Nun soll im weiteren Verlauf Ostern mehr »von außen« betrachtet werden. Es geht um den Namen Ostern, es geht um
die Geschichte des Osterfestes, es geht um das vielfältige
Brauchtum, das sich mit der Heiligen Woche von Palmsonntag bis Ostern und mit der Osterzeit verbindet. Diese Sicht
macht von verschiedensten Aspekten her noch einmal den
Grundgedanken von Ostern deutlich: Ostern ist das Fest des
Lebens.

Ostern – der Name

Namen sind keineswegs immer »Schall und Rauch«, oft stehen Namen mit bestimmten Bedeutungen in Verbindung – aus Namen kann oft der Sinn einer Sache geschlossen werden. Es lohnt sich, nach der Herkunft und der Bedeutung des Namens »Ostern«, aber im Zusammenhang damit auch nach »Gründonnerstag« und »Karfreitag« zu fragen. So werden uns hilfreiche Hinweise zum Sinn und zur Feier von Ostern in unserer Zeit gegeben.

Ostern
Für die christliche Feier von Ostern ist das jüdische Paschafest (Pessah) der erste Bezugspunkt. Am Anfang hatte man die Auferstehung Jesu am Tag des jüdischen Pascha gefeiert, also genau am Tag des Frühlingsvollmondes. Diese Feier verschob sich dann auf den Sonntag nach dem ersten Vollmond im Frühling. Dies wurde im Jahr 325 auf dem Konzil von Nizäa für die ganze Kirche verbindlich festgelegt. Man löste sich damit von einer jüdischen Wurzel des Christentums und betonte den Sonntag als *den* Feiertag der christlichen Gemeinde – vom Ostersonntag leitet sich die Feier aller Sonntage des Jahreskreises ab. Als Ostertermin ergibt sich daraus immer ein Tag zwischen dem 22. März und dem 25. April.

Auch wenn sich die Bedeutung des Osterfestes vom jüdischen Pascha gelöst hat, so bleibt dennoch eine inhaltliche Beziehung bestehen, die auch für die heutige Feier von Ostern nicht ohne Bedeutung ist. Dies wird bereits dadurch deutlich, dass in den Ländern mit romanischen Sprachen und auch in einigen anderen der Name für Ostern vom Paschafest abgeleitet ist. Lateinisch: *dies paschalis* oder *pascha*, italienisch: *Pasqua*, französisch: *Pâques*, spanisch: *Pascua* ... Selbst das niederländische *Pasen*, das dänische *Paaske*, das finnische *pääsiäinen* und das schwedische *påsk* hängen mit Pascha zusammen.

Das jüdische Pascha verbindet unterschiedliche Festgedanken, die über einen langen Entstehungszeitraum zusammengeflossen sind (vgl. auch Seite 39ff.): Ein nomadisches Hirtenfest feierte den Frühlingsbeginn. Auch der Beginn der Getreideernte in Palästina ist eine Art Frühlingsfest. Diese ursprünglichen Feste wurden mit der Erinnerung der Befreiung Israels aus Ägypten verbunden: Pascha wird zum »Vorübergang des Herrn«, der Israel aus seiner Notsituation herausführt.

Beides – Frühlingsfest und Erfahrung der rettenden Nähe Gottes – finden sich im christlichen Osterfest wieder. Besonders das Brauchtum an Ostern greift viele Frühlingsbräuche auf: neues Leben nach dem kalten, »toten« Winter wird in Blütenzweigen, Eiern, selbst im Osterhasen (vgl. unten zu Brauchtum ab Seite 124) sinnbildlich vor Augen gestellt. Neben diesem Akzent klingt für Christen vor allem das rettende Handeln Gottes an – nun nicht mehr an Israel allein, sondern an Jesus und durch ihn an allen Völkern. Ostern wird so auf dem Hintergrund des Paschafestes und der Erfahrung der Rettung zu einem Fest der Hoffnung und der Zuversicht. Diese theologische Linie von der jüdischen Glaubenserfahrung des Exodus hin zum Auferstehungsglauben der Christen ist wichtig.

Der deutsche Name »Ostern« und entsprechend das englische »Easter« kennen einen anderen Hintergrund. Lange führte man den Namen auf die germanische bzw. angelsächsische Frühlings- und Lichtgöttin »Eostra« oder »Ostara« zurück. Dies ist wenig wahrscheinlich. Überzeugender ist eine Linie vom griechischen »Eos« (Sonne) hin zu »Eostro« (Morgenröte). Dies wird im Altenglischen zu »Eastron«, im Althochdeutschen zu »ostarum«.

Diese Namensableitung passt zur christlichen Sicht des Osterfestes: »In der Morgenröte des dritten Tages geschah die Auferweckung des Herrn. So sollen Christen in dieser Nacht bis zum frühen Morgen, bis zur Morgenröte, wach bleiben und im Licht des neuen Morgens die Auferstehungsfeier begehen« (so formuliert in den *Canones Hippolyti* um 350). Christus ist das Licht, welches das Dunkel der Nacht vertreibt. Er ist deshalb Licht im Leben der Menschen, die an ihn glauben und seine Auferstehung bekennen.

Eine weitere, im Mittelalter entstandene Ableitung des Namens Ostern geht von der Himmelsrichtung Osten aus (englisch »eastern« und »east«). Sie ist aber weniger wahrscheinlich.

In slawischen Sprachen (Ausnahme Russisch *Pacxa*) wird Ostern als die »*Große Nacht*« bezeichnet (polnisch *Wielkanoc*, tschechisch *Velikonoce*, slowenisch *Velikanoc)* oder im Kroatischen und Serbischen mit dem Wort »Auferstehung« (*uskrs* und *vaskrs*).

Aus den unterschiedlichen Namensgebungen ergeben sich drei inhaltliche Akzente für Ostern:

- Ostern ist das Bekenntnis zum Leben. Es ist das Frühlingsfest, ein Fest der nach dem »totenstarren« Winter neu aufbrechenden Lebenskraft.
  Ostern ist ein Fest des Lebens.
- Ostern ist das Bekenntnis zum Handeln des rettenden Gottes, der seine Zuwendung zum Menschen in der Befreiung Israels aus Ägypten gezeigt hat, dann wiederum in der Auferweckung seines Christus, den er nicht im Tod ließ, und der sich auch uns immer wieder rettend und helfend zuwendet.
  Ostern ist ein Fest der Hoffnung.
- Ostern ist das Bekenntnis zum Licht, das mit Jesus in die Welt gekommen ist (vgl. Weihnachten) und in seiner Auferstehung seine herausragende Kraft zeigt. Das Dunkel des Todes ist damit überwunden. Dies wirkt sich auf glaubende Menschen aus, die Protestleute gegen den Tod sein sollen und andere durch ihre Zuwendung und Hilfe aus Not »aufstehen« lassen.
  Ostern ist das Fest der Auferstehung.

Auch die Namen der anderen Tage der Heiligen Woche (Karwoche) haben jeweils eine inhaltliche Bedeutung, die bei der Besinnung auf Ostern helfen kann.

Palmsonntag

Die Leidensgeschichte der Evangelien beginnt damit, dass Jesus in Jerusalem einzieht und von vielen mit Palmzweigen begrüßt wird – Zeichen der Ehrung und Huldigung: Jesus ist wie ein König, der Einzug in seine Stadt hält. Der Name »Palmsonntag« stellt von da aus ein Bekenntnis zu Jesus dar: Christen bekennen ihn als den König, wenn sie in der Liturgie und im Brauchtum den Einzug in Jerusalem »nachspielen«. Die kleinen Palmzweige (meist Buchsbaum, mehr dazu im Abschnitt Brauchtum, Seite 124), die in vielen Familien am Palmsonntag mit nach Hause genommen werden und das Jahr über hinter einem Kreuz stecken, sind letztlich nichts anderes als ein Glaubensbekenntnis zu Jesus, dem Christus Gottes, dem König der Welt.

Gründonnerstag

Der Donnerstag vor Karfreitag wird in den einzelnen Ländern unterschiedlich benannt: Während er im deutschsprachigen Raum *Gründonnerstag* genannt wird, heißt er in den Niederlanden *Witte Donderstag*, in Frankreich *jeudi blanc* (Weißer Donnerstag), was wahrscheinlich auf die liturgische Farbe *Weiß* des Tages zurückzuführen ist. In anderen Sprachen sind Bezeichnungen wie *Heiliger Donnerstag* oder *Großer Donnerstag* üblich. Im Lateinischen wird mit *dies cenae domini* (Tag des Abendmahls des Herrn) unmittelbar auf den biblischen Bezug zurückgegriffen.

Der Wortbestandteil »grün« wird in der Regel von zwei Richtungen aus erklärt. Zum einen soll dieser Name vom althochdeutschen »greinen, grinan« abgeleitet sein, das die Bedeutung von »weinen, klagen, den Mund verziehen« hat. Damit kann sowohl auf die am Abend des Gründonnerstages beginnende Leidensgeschichte Jesu (Verrat und Verhaftung) hingewiesen werden wie auch auf die Gemeindemitglieder in der alten Kirche, die man wegen persönlicher Schuld am Aschermittwoch aus der Eucharistiegemeinschaft ausgeschlossen hatte und die am Gründonnerstag – über ihre Schuld »weinend« – wieder in die Gemeinde aufgenommen wurden. Der Gründonnerstag ist somit zum einen der »Klagedonnerstag« und zum anderen der »große, hohe oder gute Donnerstag«, der neue Gemeinschaft schenkt.

Auf der anderen Seite gibt es die Erklärung des Gründonnerstag vom Brauch her, an diesem Tag grünes Gemüse und grüne Heilkräuter zu essen. Der Gedanke des neu aufbrechenden Lebens zu Frühjahrsbeginn klingt bei dieser Deutung an (zum Brauchtum am Gründonnerstag vgl. Seite 128).

Karfreitag

Das althochdeutsche Wort »kar«, das sich in Karwoche, Karfreitag und Karsamstag wiederfindet, bedeutet Klage, Trauer, auch Sorge (vgl. englisch *care* = Sorge, aber auch das Wort »karg«). Es geht also um die Leidenswoche, den Leidensfreitag, den Leidenssamstag Jesu. Das Bekenntnis zum Tod Jesu ist die erste Hälfte des christlichen Glaubensbekenntnisses, an Ostern folgt die zweite mit dem Bekenntnis zur Auferweckung und von da aus zur Rettung aller Menschen. Der Karfreitag wird mancherorts auch »Stiller Freitag« genannt, um so die Trauer über den Tod Jesu zum Ausdruck zu bringen (zum Brauchtum an Karfreitag vgl. Seite 132).

Die ganze Woche vom Palmsonntag bis zur Osternacht wird auch als *Hohe* oder *Große Woche* bezeichnet. Hier klingt die grundsätzliche Bedeutung des Geschehens an, an das man sich in dieser Woche erinnert: Leiden, Sterben und Auferstehen Jesu bilden den Kern christlichen Glaubens. Von dieser inneren Mitte aus leitet sich alles andere ab, auch die anderen Festtage und Festzeiten des Kirchenjahres. Ostern ist damit *das* Fest christlichen Glaubens und *das* Fest des Lebens.

Ostern – die Geschichte

Seit wann eigentlich feiern Christen Ostern? Und wie hat sich die Karwoche mit Palmsonntag, Gründonnerstag und Karfreitag entwickelt, wie die Vorbereitungszeit auf Ostern (Fastenzeit, Österliche Bußzeit, Passionszeit), wie die Osterzeit bis zum Pfingstfest? Auf diese Fragen gibt es nur teilweise sichere Antworten. Je weiter man in der Geschichte zurückgeht, desto spärlicher werden die Quellen. Dennoch lässt sich die Geschichte des Osterfestes weitestgehend rekonstruieren.

Das erste »Osterfest«, der Tag der Auferstehung Jesu, war für die Jünger mit Sicherheit kein Festtag. Zu sehr standen sie noch unter dem Schock der Geschehnisse, das Kreuz Jesu bedeutete für sie das Scheitern ihrer Lebensplanung. An diesen Jesus hatten sie sich gebunden – und nun war mit ihm alles zu Ende.

Ihre Reaktionen auf erste Erfahrungen mit dem Auferstandenen sind deshalb alles andere als freudig und hoffnungsvoll. Zu unbegreiflich ist ihnen die Botschaft, dass nicht der Tod und die Vernichtung gesiegt haben, sondern Gott neues Leben geschaffen und seinen Christus nicht im Tod gelassen hat. In der ältesten Auferstehungserzählung der Evangelien heißt es zur Reaktion der Jüngerinnen: »Da verließen sie das Grab und flohen; denn Schrecken und Entsetzen hatte sie gepackt. Und sie sagten niemandem etwas davon; denn sie fürchteten sich.« (Markus 16,8)

Spätere Erzählungen fügten andere Reaktionen hinzu, Unglauben und Verwunderung: »Doch die Apostel hielten das alles für Geschwätz und glaubten den Frauen nicht ... Petrus ging nach Hause, voll Verwunderung über das, was geschehen war.« (Lukas 24,11.12) Erst weitere Berichte mischten Erschrecken und Hoffnung: »(Die Frauen) verließen das Grab und eilten voll Furcht und großer Freude zu seinen Jüngern, um ihnen die Botschaft zu verkünden« (Matthäus 28,8).

Erst ein längerer Lernprozess, bei dem die Jüngerinnen und Jünger ihre Erfahrungen mit dem Auferstandenen austauschten und aus einer nachösterlichen Sicht den ganzen Lebensweg Jesu neu einordnen und verstehen konnten, ergab für sie die Erkenntnis, dass der »Ostermorgen« und die Auferweckung Jesu für ihre Jüngergemeinschaft konstituierend sind. Von da an konnten sie, ergriffen von einem neuen Geist, die Auferweckung dieses Jesus nicht nur verkündigen, sondern auch feiern.

Dies geschah bald an jedem Sonntag: Dankbar erinnerten sich zuerst die Jerusalemer Urgemeinde, dann weitere, neu entstandene Gemeinden an die Auferweckung als Grund ihres Glaubens: »Sie hielten miteinander Mahl in Freude« (Apostelgeschichte 2,46). Diese ersten, aus dem jüdischen Raum stammenden Christen gingen am Sabbat weiterhin zum Tempel oder zum Synagogengottesdienst, setzten am Sonntag aber zusätzlich einen neuen Akzent.

Es entwickelte sich dann parallel zur wöchentlichen Feier der Auferweckung Jesu auch ein Jahresgedenken, das zeitlich mit dem jüdischen Paschafest (Pessah) verbunden wurde, dem anzunehmenden Todestag Jesu. Dieses jüdische Pascha deuteten die christlichen Gemeinden bald neu auf Christus hin: »Als unser Paschalamm ist Christus geopfert worden« (1 Korinther 5,7). Das Neue Testament berichtet keine Einzelheiten, wie das »christliche Pascha« begangen wurde; aber es ist festzuhalten, dass bereits früh nicht allein der Sonntag als »Gedächtnistag« der Auferstehung christliches Leben prägte, sondern auch ein jährliches Fest am Auferstehungstag des Herrn.

Das wird durch den Osterfeststreit bestätigt, der am Ende des 2. Jahrhunderts anzusetzen ist. Dabei ging es um die Frage, ob die christliche Paschafeier exakt auf den Termin des jüdischen Pascha (14. Nisan = 14. Tag des siebten Monats im jüdischen Kalender) gelegt werden soll oder auf den *Sonntag* danach. Während im östlichen Mittelmeerraum eher die erste Lösung vertreten wurde, setzte sich im Westen die zweite Lösung durch. Dies war verbunden mit einer anderen Akzentuierung dieses Festes: Im Osten betonte man mehr das Leiden und Sterben Jesu (deshalb der Vorzug des jüdischen Termins mit dem Opfern des Paschalammes), im Westen dagegen mehr die Auferweckung Jesu (deshalb der Vorzug des Sonntags). In etwa ähnelt diese unterschiedliche Akzentuierung von Tod bzw. Auferweckung durchaus einer konfessionellen Akzentuierung, bei der das heilbringende Sterben Jesu mehr im protestantischen Raum betont wird (Feier von Karfreitag), die Auferstehung Jesu dagegen mehr im katholischen Bereich (Feier der Osternacht). Doch für Christen beider Konfessionen gilt unbestritten, dass der Karfreitag nur im Hinblick auf Ostern und das Osterfest nur auf dem Hintergrund des Karfreitagsgeschehens gedacht werden können.

Das Ende der Christenverfolgungen und die folgende Begünstigung christlicher Religion durch Kaiser Konstantin (ab 313 n. Chr.) eröffnete der christlichen Liturgie neue Möglichkeiten. Nicht allein die Gemeinden wurden größer, es wurde zunehmend eine öffentliche und sogar öffentlich geförderte Liturgie möglich. Deshalb verwundert es nicht, dass sich im vierten Jahrhundert die Feste und Festzeiten des Kirchenjahres differenzierten (vgl. auch Seite 108). Neben anderem entstand in dieser Zeit eine Feier der Geburt Jesu, vor allem aber gliederte man die Feier von Ostern dadurch, dass man die einzelnen Festgedanken voneinander trennte und einzelnen Tagen zuordnete. Leiden, Sterben und Auferstehen wurden nun nicht mehr an einem einzigen Tag gefeiert – sie waren den christlichen Gemeinden des vierten Jahrhunderts so wichtig, dass man diesen grundlegenden Ereignissen christlichen Glaubens drei Tage widmete: Beginnend mit dem Abendgottesdienst am Donnerstag (dem erst ab dem Mittelalter so genannten Gründonnerstag) gedachte man des Sterbens Jesu am Freitag, seines Begräbnisses am Samstag und seiner Auferstehung in der Nacht zum Sonntag und am Sonntag bis zum Sonnenuntergang.

Die »Heiligen drei Tage«, das *Triduum sacrum* entstand; Christen bekannten sich zum gekreuzigten, begrabenen und auferstandenen Herrn (vgl. dazu das im vierten Jahrhundert entstandene Glaubensbekenntnis von Nizäa-Konstantinopel [Gotteslob 356, Evangelisches Gesangbuch 805]).

Aus dem Bemühen einer »historischen« Darstellung der Jesusbotschaft fächerte man auch die Zeit nach Ostern auf und gestaltete zunehmend eine österliche Festzeit. Bei den fünfzig Tagen bis zum Pfingstfest konnte man dabei noch auf jüdische Traditionen zurückgreifen. Die sieben (= heilige Zahl) Wochen hoben die Festzeit von Ostern bis Pfingsten besonders hervor. Damit ergab sich auch der Termin für ein Gedenken der »Himmelfahrt« Jesu, seiner Erhöhung zu Gott: vierzig Tage nach Ostern. Wurden also zu Beginn die Aspekte der Auferweckung Jesu zu Gott, seiner Erhöhung zu Gott und der Geistsendung an den Ostertag gebunden, so teilten sich nun diese Gedanken auf drei Tage auf (wie es die Erzählungen der Apostelgeschichte des Lukas bereits nahelegten).

Ebenso wurde nun die Vorbereitungszeit auf Ostern deutlicher gegliedert. Bereits in der ersten Zeit gab es als Vorbereitung auf das zentrale christliche Fest eine Zeit des Fastens und der inneren Hinführung. Im vierten Jahrhundert dehnte man diese Zeit auf vierzig Tage – die Sonntage wurden nicht als Fasttage gezählt – aus (entsprechend der »Wüstenzeit« Jesu, vgl. Markus 1,13). Man passte also die Zeit vor Ostern der nach Ostern an: Auch die Fastenzeit bestand nun aus sieben Wochen, sodass ein symmetrischer Osterfestkreis von zweimal sieben Wochen mit Ostern in der Mitte entstand. Den Einstieg in diese Vorbereitungszeit auf Ostern hin bildet der Aschermittwoch, der seit dem Jahr 1091 festgelegt ist.

Diese Regelung hat bis heute Bestand, die *Fastenzeit* heißt im katholischen Raum nun *Österliche Bußzeit*. Sie beginnt mit dem Aschermittwoch, führt dann über fünf Fastensonntage zum Palmsonntag (= 6. Fastensonntag), der Ostersonntag ist der siebte (= heilige) Sonntag. Im evangelischen Raum wird diese Vorbereitungszeit auf Ostern *Passionszeit* genannt. Sie kennt mit den noch davor liegenden Sonntagen Septuagesimä, Sexagesimä und Estomihi eine weitere vorbereitende Zeit und führt dann mit den sechs Sonntagen der Passionszeit (Invokavit, Reminiszere, Okuli, Lätare, Judika, Palmsonntag) zur Feier von Ostern.

Der Termin des Osterfestes in den westlichen Kirchen (römisch-katholisch, protestantische ...) unterscheidet sich von dem in den östlichen (orthodoxe und altorientalische). Hatte man nach dem Osterfeststreit des zweiten und dritten Jahrhunderts auf dem Konzil von Nizäa eine Regelung für alle Christen festgelegt, so ergab sich am Beginn der Neuzeit eine neue Situation: Papst Gregor XIII. führte 1582 die gregorianische Kalenderreform durch, bei dem durch Schalttage das Sonnenjahr besser mit dem Kalenderjahr verknüpft wurde. Dieser Kalender ist die heute nahezu in der ganzen Welt verbreitete Zeitrechnung. Die östlichen Kirchen (schon lange nicht mehr mit Rom verbunden) machten diesen Schritt jedoch für die Berechnung ihrer Feste nicht mit, sondern blieben beim älteren julianischen Kalender (festgelegt von *Julius* Cäsar 45 v. Chr.). So unterscheiden sich die Festtermine der Kirchen im Westen und Osten – dies gilt für Ostern ebenso wie für Weihnachten – um bis zu fünf Wochen.

Ostern – das Brauchtum

Antoine de Saint-Exupéry schreibt in seinem Buch *Der Kleine Prinz*: »Es muss feste Bräuche geben.« Und als der kleine Prinz fragt: »Was heißt fester Brauch?«, antwortet der Fuchs: »Auch etwas in Vergessenheit Geratenes. Es ist das, was einen Tag vom anderen unterscheidet, eine Stunde von den andern Stunden ... Sonst wären die Tage alle gleich.«

Menschen brauchen feste Bräuche. Durch sie wird der Jahreskreis gegliedert und der Lebensrhythmus bewusst gemacht. Durch Bräuche werden Hinweise zur Sinndeutung des Lebens gegeben und es wird die Einbindung des Einzelnen in die Gemeinschaft ermöglicht. Brauchtum, Riten und Rituale tragen zu einem gelingenden und erfüllten Leben bei. Sie sind auch für den heutigen Menschen unverzichtbar und können ihm helfen, das Leben sinnvoll zu gestalten. Dabei sind die Bräuche des Jahreskreises in der Regel mit besonderen Festen verknüpft. Sie lassen die Feste mit allen Sinnen erleben: Es gibt etwas zu sehen, zu riechen, zu hören, zu schmecken, zu fühlen. Sie sprechen den Menschen ganzheitlich an, seinen Körper, sein Herz und seine Seele.

Die Bräuche einzelner Feste sind kultur- und religionsgeschichtlich aus Deutungen wichtiger Festgedanken erwachsen, machen gleichsam die religiösen, kulturellen und sozialen Gedanken sinnlich erfahrbar, die ein Fest prägen. Wenn man nach dem Sinn eines Festes wie etwa Ostern fragt, kann das vielgestaltige Brauchtum zu Antworten führen, die ein großes Bedeutungsspektrum aufzeigen. Das Brauchtum zu christlichen Festen ist dabei keineswegs nur aus christlichen Quellen und christlichen Glaubensgut gewachsen. Wie auch bei anderen Festen (etwa Weihnachten) werden zum einen »Menschheitssymbole« aufgegriffen, die allen Menschen gemeinsam sind (wie das Osterei als Zeichen des Lebens). Zum anderen werden auch Bräuche und Rituale aus anderen, vor- und außerchristlichen Religionstraditionen aufgenommen und christlich umgedeutet in die Feier von Ostern integriert.

Es lohnt sich demnach, im Blick auf Ostern das entsprechende Brauchtum zu bedenken. Im Folgenden werden sowohl volkstümliche als auch liturgische Bräuche erläutert. Dabei beschränken wir uns nicht auf die Osternacht bzw. den Ostersonntag. Wir blicken vielmehr auf das Brauchtum der ganzen Heiligen Woche, beginnend mit dem Palmsonntag, und gelangen über Gründonnerstag, Karfreitag und Karsamstag zu Ostern. Durch diesen erweiterten Blick wird besser sichtbar, was Ostern ist: der Triumph des Lebens über den Tod.

Palmsonntag

Am Palmsonntag erinnern sich die Christen des Einzugs Jesu in Jerusalem vor dem Beginn seines Leidens und Sterbens (vgl. etwa Markus 11,1–11). Im Blick auf eine den ganzen Menschen ansprechende Feier wird dieser Einzug z.b. nachgespielt – so versammeln sich (katholische) Christen zur Prozession am Palmsonntag.

Über den Ritus einer Palmsonntagsprozession wird aus Jerusalem bereits zu Beginn des 5. Jahrhunderts berichtet. Die Pilger wollten in einem historisierenden Zugang die Ereignisse der Karwoche nachspielen und begannen damit am ersten Sonntag der Heiligen Woche. Sie versammelten sich dazu auf dem Ölberg, hielten dort einen Wortgottesdienst mit Gebeten, Schrifttexten und Liedern und zogen danach mit Lobgesängen in die Stadt Jerusalem ein. Dabei führten sie entsprechend dem biblischen Vorbild Palmzweige mit sich.

Von Jerusalem aus verbreitete sich diese Gottesdienstgestaltung in der ganzen Kirche. Dabei versuchte man auch in Einzelheiten dem Bericht der Bibel treu zu bleiben. Für den Osten ist bereits sehr früh, für den Westen ab dem achten Jahrhundert der Gebrauch von Palm- bzw. Ölbaumzweigen bezeugt, die von den Gottesdienstteilnehmern bei ihrer Prozession mitgetragen wurden. Von da aus entstand dann auch der liturgische Name dieses Tages *dominica palmarum*: »Sonntag (Tag des Herrn) der Palmen«.

Die Palmsonntagsprozession (etwa von einem Wegekreuz oder einer Kapelle zur Pfarrkirche) wurde im Mittelalter spielerisch gestaltet: An manchen Orten nahm man einen echten Esel und schmückte ihn mit Blumen und Grün (Palmesel). Ein Christusdarsteller ritt auf diesem Esel und verkörperte »Christus, der in seine Stadt einzieht«. In den großen Städten wurden später holzgeschnitzte Esel auf einem kleinen Wagen mitgeführt. Auf manchen saß eine ebenfalls geschnitzte Christusfigur. So wurde das Spiel vom Einzug Jesu in Jerusalem noch plastischer. An manchen Orten durften auch die Kinder ein Stück auf dem Esel reiten. Weil dies manchmal zu Auswüchsen führte, wurde dieser Brauch schließlich von der Obrigkeit untersagt (in München, St. Peter, erst 1806). Inzwischen ist er mancherorts wieder aufgelebt.

Heute wird bei der Prozession meist ein Kreuz, eine Christusfigur oder das mit Grün geschmückte Evangeliar mitgeführt, aus dem danach im Gottesdienst die Leidensgeschichte gelesen wird. Damit wird die Beziehung zu Christus herausgestellt: Prozession und das Brauchtum der Palmzweige erinnern uns an Jesus, dessen Weg zum Tod mit dem Einzug in Jerusalem begann. Er wird als der wahre König der Welt verehrt. Christen zeigen durch die Palmprozession, dass sie ihm folgen wollen und sich zu ihm bekennen.

In den nördlichen Ländern Europas waren Palmzweige nicht verfügbar. Man griff deshalb auf andere Zweige zurück, auf Weidenkätzchen, Wacholder, Haselzweige, Stechpalmen und andere, vor allem aber auf Buchsbaumzweige (Buchsbaum gab es früher überall in Gärten und Hecken). Solcher »Palm« wird zu Beginn des Gottesdienstes gesegnet und an alle Gemeindemitglieder ausgeteilt, die diesen »Palm« in ihre Wohnungen mitnehmen. Palm, der übrigbleibt, wird verbrannt und seine Asche im nächsten Jahr am Aschermittwoch für den Ritus des Aschenkreuzes benutzt.

Zudem wurden durch den Wechsel von Palm zu Buchsbaum alte heidnische Buchsbaumbräuche christlich neu beheimatet. Buchsbaum diente in der germanischen und keltischen Religion dem Schutz vor Blitz und Hagel, vor schlechten Ernten und Viehkrankheiten. Ställe und Scheunen wurden mit Buchsbaumzweigen versehen. Christen banden diesen Brauch nun an Jesus Christus; die kleinen Buchsbaumzweige, die man im Palmsonntagsgottesdienst segnete, wurden und werden nun im Haus hinter das Kreuz gesteckt und gewinnen eine neue Bedeutung: Durch die Zweige wird Christus als der Herr verehrt, der den Tod überwand. Wenn also (katholische) Christen am Palmsonntag gesegnete Buchsbaumzweige mit in ihre Wohnungen nehmen und hinter die Kreuze stecken, dann stellt dieser Brauch ein »handgreifliches« Glaubensbekenntnis dar.

»Palmbuschen« werden vor allem in Süddeutschland auch an Stecken gebunden und mit bunten Bändern verziert. Kinder tragen sie bei der Palmprozession mit – ein Brauch, der neuerdings auch in manchen Gemeinden in anderen Teilen Deutschlands wiederbelebt wird. Manchmal steckt man jeweils drei Zweige der gleichen Art zu einem Palmbusch zusammen, etwa: drei Zweige Buchs, drei Weidenkätzchen, drei Haselruten ... Palmbuschen können auch groß gefertigt werden und an langen, bis zu zehn Meter hohen Stangen bei der Prozession mitgeführt werden. Dann steckt man sieben (heilige Zahl) verschiedene Zweige zusammen: Palm»kätzchen« (Weide), Buchsbaum, Wacholder, Stechpalme, Eibe, Zeder und Sadebaum (Stink-Wacholder).

Gründonnerstag
Der Gründonnerstag setzt nicht allein von seinen theologischen Gedanken, sondern auch vom Brauchtum mehrere verschiedene Akzente. Er ist der letzte der vorbereitenden Tage der Karwoche; abends beginnt mit dem Abendgottesdienst das *Triduum sacrum*, die Feier der Drei Heiligen Tage. Diese Vorbereitung wurde in früheren Zeiten an Reinigungsriten deutlich, die an manchen Orten mit dem Gründonnerstag verbunden waren, die aber heute weithin verschwunden sind.

So gingen mancherorts Mädchen und Frauen morgens schweigend zu einem Bach oder einem Brunnen und wuschen sich. Dies sollte dazu beitragen, dass sie ihre Schönheit behalten und gesund bleiben. Die äußere Reinheit wird zum Zeichen für die innere Vorbereitung auf Ostern (der äußerlich ähnliche Brauch des Osterwassers hat eine andere Bedeutung, s.u.). Auch musste das Haus samt den Nebengebäuden gründlich gereinigt werden. Der »Osterputz« ist auch heute noch üblich.

Unbedingt nötig war es, am Gründonnerstag Grünes (Salate, Gemüse wie Grünkohl etc.) zu essen. Wahrscheinlich stammt dieser alte Brauch aus vorchristlicher Zeit und ist mit dem Wachsen der jungen Pflanzen im Frühling verbunden. Wer solch junges Grün isst, kann das ganze Jahr gesund bleiben. Warum dieser Brauch in christlicher Zeit am Gründonnerstag angesiedelt wurde, ist unklar. Vielleicht hängt es mit dem Fasten an den Kartagen zusammen, vielleicht auch mit dem Essen des »Lebensbrotes«, dessen man in der Feier des Abendmahls gedenkt.

Jedenfalls kamen vor allem Grünkohl und anderes grünes Kraut auf den Tisch. Auch gab es Sieben- oder Neunkräutersuppen, die aus Schnittlauch, Spinat, Sauerampfer, Löwenzahn, Petersilie, Sauerklee, Salat, Brennnesseln, Schlüsselblumen oder anderem jungen Grün gemischt wurden. Ebenso wurden andere Speisen mit Grünem angerichtet, Spinatmaultaschen etwa im Schwäbischen, an anderen Orten grüne Pfannkuchen, Spinatkrapfen oder anderes.

Die am Gründonnerstag gelegten Eier mussten sorgfältig eingesammelt werden, denn sie besaßen eine besondere Kraft und verhalfen zu guter Gesundheit. Diese Eier wurden auch »Antlasseier« genannt. »Antlass« bedeutete Ablass, Nachlass der Sündenstrafen und erinnerte daran, dass in der alten Kirche die von der Eucharistiegemeinschaft ausgeschlossenen Sünder am Gründonnerstag wieder in die Gemeinschaft aufgenommen wurden.

Der Gründonnerstag erhält seinen besonderen Akzent vom abendlichen Gottesdienst her, der an das Abendmahl Jesu und an den Beginn seines Leidensweges erinnert. Im Zusammenhang mit dem Abendmahl steht die nur beim Evangelisten Johannes zu findende Erzählung von der Fußwaschung. Jesus, der Herr und Meister, erniedrigte sich und leistete diesen Dienst an seinen Jüngern. Entsprechend gibt es in der Liturgie den Brauch der Fußwaschung, wo der jeweils rangmäßig Höchste anderen (meist zwölf entsprechend der Zahl der Apostel und ebenso wegen der Apostel meist nur Männer) die Füße wäscht. Dieser liturgische Brauch ist bereits früh (ab dem 4. Jahrhundert) bezeugt.

Die symbolisch vollzogene Fußwaschung wurde aber auch außerhalb der Liturgie vollzogen: Besonders in Fürstenhäusern wuschen die Herren ihren Knechten entsprechend dem Beispiel Jesu die Füße. Dies wird nicht nur aus England berichtet, sondern ebenso vom Hof der Wittelsbacher in München noch in der Mitte des 19. Jahrhunderts, wo verarmte ältere Männer ausgesucht wurden und an ihnen der symbolische Dienst vollzogen wurde. Dies war meistens mit Geld- und Sachspenden verbunden.

Der beginnende Leidensweg Jesu steht auch hinter einem Brauch mit einer eigenartig anmutenden Erklärung: An diesem Tag läuten die Kirchenglocken zum letzten Mal beim Gloria des Abendmahlsgottesdienstes. Erst in der Osternacht erklingen sie dann wieder. Auch die Schellen oder der Gong in der Messe müssen verstummen. Den Kindern erzählt man, dass die Glocken als Zeichen der Trauer über das Leiden Jesu »nach Rom geflogen« seien, um dort beim Papst »Milchreis zu essen«. Erst in der Osternacht kämen sie zurück, um den Jubel über die Auferstehung Jesu einzuläuten. An anderen Orten wird auch erzählt, dass die Glocken die Ostereier holen, die dann am Ostermorgen unter Glockengeläut verteilt werden.

Die Aufgabe der Glocken wird ab Gründonnerstag bis zur Osternacht von Ratschen (Holzklappern) übernommen. So genannte »Ratschebuben« (meist die Messdiener einer Gemeinde) gehen mit diesen Ratschen am Gründonnerstagabend oder am Karfreitagmorgen durch das Dorf und laden zu den Gottesdiensten der Kartage ein. Dass die Jungen dabei auch mit Heischeversen um kleine Gaben bitten, ist selbstverständlich. Man gibt ihnen Eier, Süßigkeiten und Gebäck.

Aus der Trauer über Leiden und Sterben Jesu heraus ist auch ein anderer Brauch gewachsen, der in katholischen Kirchen nach dem Abendgottesdienst stattfindet: Der Altar der

Kirche wird leer geräumt, Blumen, Kerzen, selbst das weiße Altartuch werden beiseite geräumt. Nackt und kahl soll der Altar am Karfreitag sein – ein Hinweis auf das Sterben Jesu und die Trauer darüber.

Ein solches »Fasten der Augen«, was Blumen- und Kerzenschmuck in der Kirche angeht, vollzieht sich auch mit dem Brauch, Kreuze und Altarbilder zu verhüllen. Meist geschieht dies bereits am Sonntag vor dem Palmsonntag, der Passionssonntag genannt wird (selten bereits am Aschermittwoch). An manchen Orten wird ein Fasten- oder Hungertuch vor das Kreuz oder vor Altarbilder gehängt. Solche Hungertücher finden sich bereits im Mittelalter, manchmal waren sie sogar – gegen ihren eigentlichen Sinn – mit vielfältigen Bildern der Leidensgeschichte Jesu ausgeschmückt. Die Stadt Zittau (Oberlausitz) besitzt mit dem 1472 gespendeten Großen Fastentuch ein besonders herausragendes Beispiel: Es hat 90 Felder in 10 Reihen auf ca. 8 x 7 Meter, die verschiedene Szenen aus dem Alten und Neuen Testament zeigen.

Das Hilfswerk Misereor hat diesen Brauch des Fastentuchs in den 1970er Jahren wieder aufgegriffen und gibt alle zwei Jahre ein neues Hungertuch heraus, das ein Element der Besinnung und der Vorbereitung auf Ostern sein kann. Meist finden sich darauf Bilder von Künstlern außereuropäischer Länder, sodass die völkerumgreifende Funktion der Kirche sichtbar wird: Die von Miseror durch Spenden der deutschen Katholiken gewährte Entwicklungshilfe ist keine Einbahnstraße – man beschenkt sich gegenseitig mit den in sichtbare Kunst gefassten spirituellen Erfahrungen.

Die Nacht vom Gründonnerstag zum Karfreitag wird an manchen Orten zu Gebet und Meditation genutzt. Anders als die Jünger Jesu, die im Garten am Ölberg in Schlaf fielen, will man beim Herrn wachen. So findet das nächtliche Gebet in katholischen Kirchen oft vor dem eucharistischen Brot statt – in vielen Kirchen beschränkt es sich allerdings heute auf eine Gebetsstunde. Allerdings greifen inzwischen manche Jugendgruppen den Brauch der Nachtwache in den Karfreitag hinein neu auf.

Karfreitag

Unter allen herausgehobenen Tagen im Kirchenjahr ist der Karfreitag von einer besonderen Stimmung geprägt. Er ist kein *Festtag*, sondern ein *stiller* Gedenktag, an dem das alltägliche Leben unterbrochen wird, und erst wieder mit der Osternacht erwacht. Entsprechend wird der Karfreitag auch *Stiller Freitag* oder *Hoher Freitag* genannt. Martin Luther nannte ihn den *Guten Freitag*. Lateinisch wird der Sterbetag Jesu *feria in passione domini* (Feiertag des Leidens des Herrn) genannt. Auch nach staatlichem Recht sind in Deutschland an diesem Tag öffentliche Tanz- oder Sportveranstaltungen untersagt.

Karfreitag zählt als strenger Fasttag, manche Christen nehmen nur eine Mahlzeit zu sich und verzichten dabei ganz auf tierische Produkte wie Fleisch, Eier und Butter. Auch ist der Karfreitag ein arbeitsfreier Tag; vor allem aber musste man sich in früheren Zeiten entsprechend einem alten Brauch von allen Arbeiten enthalten, die mit Holz oder Erde zu tun haben: Denn Jesus wurde ans Holz des Kreuzes geschlagen und dann in die Erde gelegt.

Beim Brauchtum an Karfreitag und bei der Gestaltung von Karfreitagsgottesdiensten geht es vor allem darum, die Leidensgeschichte Jesu von seiner Verhaftung bis zum Tod am Kreuz und dann auch die Kreuzabnahme und die Grablegung in vielfältiger Weise nachzuspielen oder durch visuelle Impulse der Gemeinde vor Augen zu stellen. Gleich ob Passionsspiel, der Brauch der Kreuzverehrung, Darstellungen der Pietà (Maria mit dem Leichnam Jesu im Schoß) und anderes – Brauchtum und Liturgie möchten in sinnlicher und den Menschen ganzheitlich ansprechender Weise zur Betrachtung des Leidens und Sterbens Jesu führen.

Bereits seit dem vierten Jahrhundert sind am Karfreitag Gottesdienste bekannt. In Jerusalem, später auch an anderen

Orten, versuchte man dabei, den Leidensweg Jesu nachzugehen oder nachzuspielen (entsprechend dem Leidensweg Jesu auf der »Via dolorosa« in Jerusalem). Bei solchen Prozessionen führte man ein Holzkreuz mit sich, das Jesus auf seinem Leidensweg symbolisierte. Man hielt an bestimmten Stationen an und gedachte dort einzelner Ereignisse des Leidensweges Jesu. Von solchen Gottesdiensten leitet sich der Brauch des Kreuzweges ab.

An vielen Orten entstanden solche *Kreuzwege*, die meist auf einen Berg führten, auf »Golgota«. Meist hatten diese Wege zwölf oder vierzehn Stationen, die durch Bildstöcke dargestellt wurden. Im Mittelalter rückten diese Kreuzwege näher an die Kirchen, etwa auf den die Kirche umgebenden Friedhof. Dann wurden die Kreuzwegstationen in der Kirche selbst durch Bilder oder plastische Arbeiten dargestellt. Während der Passions-/Fastenzeit wurden und werden vor ihnen Kreuzwegandachten gehalten.

Ab dem siebten Jahrhundert wird an den Wortgottesdienst am Karfreitag zum Gedenken an den Kreuzweg Jesu eine Kommunionfeier (keine Messe, somit ohne Gabenbereitung und Wandlung) angehängt. Doch der Gottesdienst verkümmerte mit der Zeit immer mehr, wurde schließlich auch am frühen Morgen des Karfreitags gehalten. Erst die Reformation gab ihm wieder neue Bedeutung. Auf katholischer Seite wurde dies erst durch die Neuordnung der Karliturgie 1955 und die Liturgiereform des Zweiten Vatikanischen Konzils nachgeholt.

Dem mittelalterlichen religiösen Empfinden nach Bildhaftigkeit, Sinnlichkeit und Spiel kamen einige andere Bräuche entgegen, die mit dem Karfreitag verknüpft sind. Dies sind etwa die *Passionsspiele*, die in Form eines geistlichen Theaterspiels den Leidensweg Jesu darstellten. Waren solche Passionsspiele früher weit verbreitet, so finden sie sich heute nur noch an wenigen Stellen – am bekanntesten sind wohl die Spiele in Oberammergau, allerdings werden sie dort nicht an Ostern durchgeführt.

In den Mittelmeerländern, besonders in Spanien (etwa Andalusien), haben sich bis auf den heutigen Tag große Passionsprozessionen in der Heiligen Woche (Semana Santa) gehalten, die von eigens für diesen Zweck gegründeten Bruderschaften ausgeführt werden (vgl. das Bild auf Seite 29). Meist zieht dabei ein Christusdarsteller, oft »blutig« hergerichtet, mit einem großen Holzkreuz durch die Straßen, begleitet von »römischen Soldaten« und einer großen Menge. Solche Prozessionen werden dabei als Bußprozessionen verstanden; mit Kutten und Kapuzen verhüllte Männer tragen schwere Kreuze durch die Straßen der Stadt – dies ergibt zusammen mit dumpfem Trommelschlag und getragener Blasmusik eine unheimliche und ergreifende Atmosphäre.

Im nördlichen Europa ebenso wie in der offiziellen Liturgie der Kirche ist eine solche Art der Kreuzverehrung auf das Tragen eines verhüllten Kreuzes durch die Kirche während des Karfreitagsgottesdienstes beschränkt. Dieses Kreuz wird dann, begleitet von Gesängen in drei Schritten Zug für Zug enthüllt und so das Leiden Jesu symbolisch sichtbar gemacht.

In einigen Gebieten Österreichs gibt es den Brauch einer *Passionskrippe*. Ähnlich der Krippe an Weihnachten werden dabei Holzfiguren aufgebaut, die das Leiden Jesu und die daran beteiligten Personen in Erinnerung rufen.

Gleich wie das Kreuz Jesu der Gemeinde vor Augen gestellt wird, ob in feierlichen Prozessionen, in Kreuzwegstationen oder in der Karfreitagsliturgie, die Gläubigen verehren das Kreuz durch Berührung, Kuss oder indem sie vor ihm niederknien.

Der Brauch, das Grab Jesu nachzubauen, leitet vom Karfreitag in den Karsamstag über. Dieser Brauch des *Heiligen Grabes* ist vor über 1000 Jahren entstanden (960 in Konstanz). Dabei wurde, meist in einer Seitenkapelle der Kirche oder, wenn vorhanden, in der Krypta, aus Holz und schwarzen Stoffen eine Höhle nachgebaut (oder auch ein Sarg) und ein Kreuz oder eine Christusfigur hineingelegt. In solche Höhlen wurde Licht durch sogenannte »Schusterkugeln« gebracht; dies waren mit Wasser gefüllte Glaskugeln, in denen Kerzen schwimmen (der Name kommt daher, dass Schuster solche Leuchten brauchten). So entstand in der Grabhöhle eine besondere Atmosphäre, die den Betrachter gefangen nahm. In der Osternacht dann wurde das Kreuz oder die Figur feierlich aus dem Grab genommen.

Solche Heiligen Gräber gibt es in einigen Kirchen auch als feste Bauwerke, die das ganze Jahr über auf den Tod Christi verweisen. Vor dem Heiligen Grab wechselte man sich im Gebet ab – daraus entstand der im katholischen Bereich bis heute gepflegte Brauch des *Ewigen Gebetes*.

Das Heilige Grab hat in manchen Gegenden (etwa im Trierer Gebiet) dazu geführt, dass an die Karfreitagsliturgie (s.o. Seite 99ff.) ein weiterer Gottesdienstteil angehängt wird, die »Feier der Grablegung«. Dabei wird das vorher von der Gemeinde verehrte Kreuz in ein Tuch eingeschlagen und in feierlicher Prozession zum »Heiligen Grab« getragen. Am Karfreitagnachmittag und am Karsamstag können die Gläubigen dort im Gebet verweilen.

Neben den eher szenisch darstellenden Bräuchen gab und gibt es auch eine Reihe von einzelnen visuellen Impulsen in und außerhalb von Kirchen, die an das Leiden Jesu erinnern und deshalb mit dem Karfreitag in besonderer Verbindung stehen. Hierzu gehört etwa die *Pietà*, eine plastische oder gemalte Darstellung, wie Maria nach der Kreuzabnahme ihren toten Sohn im Schoß hält. Oft sind weitere Figuren dazu gestellt, der Apostel Johannes, Maria Magdalena, Josef von Arimathäa und andere.

Im Trierer Dom wird die Reliquie des *Heiligen Rocks* gezeigt und durch Wallfahrten verehrt, in Turin das *Grabtuch Jesu*. Führten solche Reliquien früher zu konfessionellen Auseinandersetzungen (Martin Luther: »die große Bescheißerei zu Trier«), so ist man sich heute darüber einig, dass es nicht um die Gegenstände an sich geht (und damit um die Frage, ob sie »echt« sind oder nicht), sondern um die Verehrung Jesu, um das Gedenken an sein Leiden und Sterben für uns, das durch »heilige« Gegenstände angeregt wird.

Auf manchen Wegkreuzen, aber auch in bildlichen Darstellungen in Kirchen finden sich die »arma Christi«, die Leidenswerkzeuge, die beim Martyrium Jesu Verwendung fanden: Seile zum Binden, Dornenkrone, Nägel und Hammer, Würfel und ein Gewand, Speer, ein Stock mit Essigschwamm. Jesus wird auf solchen Kreuzen als Schmerzensmann dargestellt, an den man sich in eigenem Leiden wenden kann.

Ostern

Das Osterfest (in den slawischen Sprachen die *Große Nacht*) kennt eine Fülle von Brauchtum, sowohl im liturgischen wie auch im privaten Bereich. Dabei geht es immer um die Themen Tod und Leben, Neubeginn, Aufbruch, Dunkelheit und Licht, Gemeinschaft und Fest, Freude und Hoffnung für das eigene Leben. Auch spielen bei manchen Bräuchen Fruchtbarkeit und der beginnende Frühling eine Rolle. Somit zeigt sich Ostern auch mit Blick auf das Brauchtum als Fest des Lebens.

Das *Osterei* ist *das* Zeichen für das Osterfest. Bei einer solchen Herausstellung der bemalten Eier spielen eine Reihe von Gründen eine Rolle. Zum einen werden Eier in vielen Kulturen seit eh und je als Zeichen der Fruchtbarkeit verstanden und deshalb verschenkt. Aus China wird das Schenken von bemalten Eiern bereits seit 5000 Jahren berichtet. Aber auch in Ägypten, Persien und den germanischen Völkern ist der Brauch des Eierschenkens seit früher Zeit bekannt. Beim jüdischen Sedermahl (Pascha, vgl. Seite 39) werden ebenfalls Eier gereicht. Sie sind dabei Zeichen der Hoffnung auf neues, befreites Leben: Aus der Schale bricht Leben auf; das kann daran erinnern, dass Israel aus der Knechtschaft in Ägypten zu neuem Leben aufgebrochen ist.

Im christlichen Bereich kommt zu solchen Gründen ein weiterer hinzu: Das christliche Mittelalter betonte die Fastenzeit vor Ostern stark, der Verzicht auf Fleisch und andere, von Tieren stammende Speisen wurde streng eingehalten. So sammelte sich während dieser Zeit eine Menge Eier an. Diese wurden dann an Ostern dazu genutzt, die fällige Pacht für das Land zu bezahlen. Solche Naturalabgaben wurden das ganze Jahr über entsprechend der Ernte geleistet, im Frühjahr mit Eiern. Das Pachtjahr endete auch mit Ostern. Deshalb ist es denkbar, dass mit den letzten »Zahlungen« einige Eier rot gefärbt wurden, als Zeichen der Freude, dass die Jahrespacht nun beglichen war. Solche durch die rote Farbe besonders herausgehobenen Eier wurden dann am Ostermorgen in der Kirche gesegnet und oft verschenkt. Eine andere Deutung der roten Eier an Ostern geht davon aus, dass diese Farbe auf die blutige Kreuzigung Jesu und auf seine Auferweckung an Ostern (Rot als Farbe des Lebensblutes) zurückgeht.

Zunehmend wurde es ab dem 17. Jahrhundert auch Brauch, Eier in anderen Farben als Rot zu bemalen. Oft wurden Eier nun auch kostbar verziert und mit christlichen Symbolen versehen. Die Art der Bemalung oder Verzierung richtete sich nach den regionalen Gewohnheiten, sodass eine Fülle von Traditionen entstanden. Auch wurden ausgeblasene Eier mit kleinen Zetteln gefüllt, auf die man Osterreime oder gute Wünsche schrieb.

Der Brauch des Schmückens von Ostereiern löste sich dann immer mehr von einer christlichen Thematik. Es entstanden Eier aus den kostbarsten Materialien (etwa am russischen Zarenhof 52 für den Zaren gefertigte Fabergé-Eier, gefertigt vom russischen Goldschmied Peter Carl Fabergé, 1846–1920). Auch gab es bald Porzellaneier, die mit Schnaps gefüllt wurden. Später noch entstanden dann Schokoladeneier und andere Süßigkeiten in Eierform. Zentrum des kunstvollen Bemalens von Ostereiern ist Osteuropa (besonders die Ukraine [vgl. das Bild auf dem Umschlag und auf Seite 5], Tschechien, Slowakei, Polen und die sorbischen Gebiete in Deutschland).

Zu den Ostereiern gesellte sich ab dem 17. Jahrhundert der *Osterhase*, heute das Symboltier für Ostern (vgl. das Bild auf Seite 113). Der Hase ist ebenso wie das Ei ein Symbol der Fruchtbarkeit und des neuen Lebens im Frühling. Schon bei den antiken Griechen war ein Hase der Liebesgöttin Aphrodite beigeordnet. Das städtische Bürgertum begann dann ab dem 18. Jahrhundert den Hasen als »Lieferanten« der farbigen Ostereier zu bezeichnen. Dahinter steht die sich in dieser Schicht entwickelnde Auffassung einer rührseligen, heilen Kinderwelt. Man versteckte die Eier im Garten oder auch in der (großen) Wohnung und erzählte den Kindern, der Osterhase hätte sie gebracht. In manchen Gegenden ersetzte ein Hahn mit seinen bunten Schwanzfedern oder ein Storch den Hasen. Auch wurde davon gesprochen, dass die am Gründonnerstag nach Rom geflogenen Glocken (vgl. Seite 130) auf ihrem Rückweg die Eier mitbrächten. Ähnlich wie beim Nikolaus geht es beim Osterhasen um ein anonymes Schenken. Den Osterhasen trifft man nie an; man kann ihn auch nicht fangen, es sei denn, es gelänge, ihm Salz auf den Stummelschwanz zu streuen.

In manchen Gegenden, etwa im Schaumburger Land oder im Nordosten Nordrhein-Westfalens gab es bis ins 20. Jahrhundert hinein die Auffassung, dass nicht der Osterhase, sondern der *Osterfuchs* die Eier bringt (wahrscheinlich, weil Fuchs und Hase bis in die Gärten der Menschen kommen).

Ein weiteres Tier, das mit Ostern in Verbindung gebracht wird, ist das *Osterlamm*. Es ist ein guter Brauch, dass zu Ostern ein Lamm gebacken und zum Frühstück verzehrt wird (oder auch bei den Agapefeiern der Gemeinden). Das Lamm kann zum einen in Verbindung mit dem jüdischen Paschalamm stehen. Aus christlicher Sicht steht dieses Lamm für Christus. Paulus nennt Christus das Osterlamm (1. Korintherbrief 5,7), im (später entstandenen) Johannesevangelium wird Jesus von Johannes dem Täufer als »Lamm Gottes« bezeichnet (Johannes 1,29). Dieses Lamm wird als Opferlamm gedeutet, wie es im Tempel geopfert wurde: Christus »opfert« sich am Kreuz für die Menschen. Doch dieses Opfer wird von Gott gewandelt: Der Gekreuzigte ist der Auferstandene. So wird dem Osterlamm häufig eine Fahne beigegeben, ein Zeichen des Sieges: Christus besiegt den Tod.

Neben den Eiern und dem gebackenen Osterlamm gibt es seit alter Zeit den Brauch des *Osterbrotes* (vgl. das Foto auf Seite 145). Bereits in der gallischen Kirche wurde denen, die im Gottesdienst keine Kommunion empfingen, am Ende gesegnetes, aber nicht konsekriertes Brot ausgeteilt. Dieser Brauch findet sich in den orthodoxen Kirchen heute noch. Dort wird am Ende des Gottesdienstes das sogenannte Antidoron ausgeteilt. Dieser allgemeine Brauch wurde dann dadurch verändert, dass man das Brot in eine bestimmte Form brachte; Gebildebrote entstanden als Osterzopf, Osterkringel oder Gebäck in Tierform. Auf manche Gebildebrote wurden gute Osterwünsche geschrieben (vgl. das Foto). Solche Backwaren wurden aus gutem Weizenmehl hergestellt und waren in früheren Zeiten darum für viele Menschen etwas Besonderes. Sie eigneten sich deshalb als Geschenk am Osterfeiertag.

Auf die Osternacht als Zeitpunkt der Taufe und die damit verbundene Weihe des Taufwassers in der nächtlichen Liturgie haben wir schon hingewiesen. Wasser spielt am Ostermorgen eine weitere Rolle: Beim Brauch des *Osterwassers* sollen besonders die unverheirateten Mädchen am Ostermorgen zu einem fließenden Wasser (Bach, Quelle) laufen und sich dort waschen. Dieses Osterwasser macht schön und erhält gesund und jung. Die Heilkraft dieses Wasser wirkt allerdings nur, wenn der gesamte Weg schweigend zurückgelegt wird, was jungen Mädchen allerdings nicht immer leicht fällt.

Auch gab es Bräuche, dass man sich gegenseitig mit Osterwasser bespritzte und dabei Glück und Segen wünschte. Der Ostertag war auch der Tag einer Brunnenweihe – vom Wasser eines Brunnens erhoffte man sich gesundes und reiches Leben. Der *Osterbrunnen* wurde deshalb mancherorts reich mit frischem Grün und Blumen geschmückt.

Neben dem *Osterfeuer* in der nächtlichen Liturgie gab und gibt es an vielen Orten den Brauch der oft großen Osterfeuer außerhalb des liturgischen Rahmens (vgl. das Foto aus Finnland auf Seite 91). Sie werden in der Nacht zum Ostersonntag oder auch am Abend des Ostersonntags abgebrannt. Im ganzen Ort sammeln meist Jugendliche vorher Holz und bauen dabei auf Anhöhen oder Bergen einen hohen Holzstoß auf. Neben diesem großen Feuer werden auch Wagenräder mit Stroh umwickelt, in Brand gesetzt und man lässt sie den Abhang hinunterrollen. Solche Feuerräder erinnern ebenso wie die Feuer auf den Bergspitzen an Christus, das Licht der Welt. Von den Bergen (von oben, vom Himmel her) kommt das Licht in Gestalt des österlichen Feuers zu den Menschen, die in den Tälern wohnen.

In vielerlei Spielen versuchte man im Mittelalter, den Menschen ganzheitlich anzusprechen (vgl. die Passionsspiele). In die gleiche Richtung geht ein österlicher Brauch, der weithin untergegangen ist: das *Ostergelächter* (vgl. Seite 86). Der Pfarrer oder Prediger hatte die Aufgabe, im Ostergottesdienst seine Gemeinde durch Witze oder Scherze zum Lachen zu bringen. So sollte sich die Freude über die Auferstehung in einer überraschenden Weise ausdrücken können, die bedrückte Stimmung der Kartage wurde durch herzhaftes Lachen abgelöst. Heute versucht man hier und da, diesen Brauch wiederzubeleben.

Die Osterfreude zeigte sich in spielerischer Weise auch im *Ostertanz*, einem Brauch in Frankreich. Am Ostermorgen zogen die Geistlichen singend und tanzend, ja sogar Ball spielend auf einem vorgegebenen Weg durch die Kirche. An manchen Orten (etwa in Chartres) gab ein Labyrinth dazu den Weg vor, der von außen in vielen Windungen zur Mitte führte – ein Hinweis auf den gefahrvollen Lebensweg, der letztlich aber zur Mitte, zu Christus und damit zur Auferstehung führt.

Das Symbol Weg scheint auch in manchen anderen, meist regional beschränkten Bräuchen auf. Der *Osterritt* (vgl. das Foto auf Seite 9) ist der bekannteste davon. Gruppen von Reitern ziehen in sogenannten Flurumritten um einen Ort oder in Nachbarorte, um die Botschaft der Auferstehung überall hinzubringen. Sie tragen in ihrer Prozession Kreuz und Fahnen (Zeichen des Bekenntnisses zu Christus und zugleich des Sieges Christi über den Tod) mit sich, sie singen Lieder und beten auf ihrem Weg.

Wo kein Osterritt bekannt ist, gibt es an manchen Orten eine Prozession zu Fuß: den *Emmausgang*. Betend und singend zieht die Gemeinde aus dem Ort in die umgebenden Felder und Wälder. Der Spaziergang in die im Frühling erwachende Natur erinnert an den Gang der beiden Jünger nach Emmaus (vgl. Lukas 24,13–35). Auf diesem Weg bedachten die Jünger die Geschehnisse des Leidens und Sterbens Jesu und wurden von einem hinzukommenden unbekannten Dritten an die Verheißungen der Schrift erinnert, dass all dies dem Willen Gottes entsprochen habe. Als der Fremde dann mit ihnen im Dorf Emmaus das Brot brach, erkannten sie, dass es Jesus war. Der Emmausgang spielt dies nach und will den Glauben an Christus stärken.

Von diesem religiös geprägten Weg stammt wohl der Brauch des *Osterspaziergangs*. Bekanntestes Beispiel ist sicher der Osterspaziergang in Goethes *Faust* »Vom Eise befreit sind Strom und Bäche ...« (vgl. Seite 10). Dort wird nur von fern daran erinnert, dass Christen so ursprünglich die Auferstehung des Herrn feierten. Goethe geht es in seinem »Osterspaziergang« mehr um das Aufbrechen des Menschen nach Winter, Dunkelheit und Enge in die Schönheit der Natur: »Hier bin ich Mensch, hier darf ich's sein.«

Guter Brauch an Ostern ist ein vielfältiger bunter *Osterschmuck*. Ähnlich wie in der Advents- und Weihnachtszeit legen viele Menschen heute Wert darauf, ihre Wohnung entsprechend der Jahreszeit auszuschmücken oder Besucher an der Wohnungstür mit einem jahreszeitlichen Kranz willkommen zu heißen. Dabei geht es im Frühling natürlich zuerst einmal um einen reichen Schmuck mit Frühlingsblumen und Zweigen von Sträuchern: Tulpen, Narzissen und andere Frühblüher werden zu schönen Sträußen gebunden, blühende Zweige, etwa Forsythien, in große Vasen gesteckt. Fällt Ostern auf einen frühen Termin, werden die Zweige (auch Obstbaumzweige) bereits geschnitten, bevor sie blühen. Im warmen Wasser und im beheizten Raum blühen sie dann rechtzeitig zum Fest auf.

Oft schmücken bunte Kränze aus Weidenzweigen oder anderem jungen Grün die Haustüre. Meist sind darin ausgeblasene und bunt verzierte Eier eingebunden, bunte Schleifen und Bänder bringen zusätzlich Farbe ins Spiel. In Bayern gibt es den Brauch der Eierketten, bei dem hunderte von Eiern zu Girlanden gebunden und im Dorf angebracht werden. In letzter Zeit sind zunehmend auch österliche Fensterbilder zu sehen, manchmal mit Osterhasen und Ostereiern gestaltet, manchmal auch reizvoll mit Blumen und Ostersymbolen verziert.

In Familien mit Kindern bietet sich an, selbst kleine Osternester zu gestalten, indem man zwei bis drei Wochen vor dem Fest Kresse oder andere schnell wachsende Grünpflanzen in Schalen oder flachen Töpfen aussät. So wächst eine »Osterwiese« heran, in die dann Eier und Süßigkeiten gelegt werden können. In ähnlicher Weise bieten sich dazu auch frühblühende Blumen (Zwiebelgewächse) an, dann muss man allerdings früher planen. Auch kann eine österliche Tischdekoration mit der ganzen Familie gebastelt werden. Aus alten Wachsresten können neue Kerzen gezogen und mit buntem Wachs in österlicher Symbolik verziert werden. Vor allem aber bietet die Färbung der Ostereier eine ungeahnte Vielfalt von Möglichkeiten, phantasievoll alte Bräuche in eine neue Zeit hinein zu übernehmen.

Heilige Woche –
nicht nur Trauer, Tod und Leiden
sondern Wende, Angelpunkt des Lebens

Heilige Woche –
Fall bis zur tiefsten Tiefe, vom Leben zum Tod
vom Jubel des Palmsonntags bis zum Kreuz des Karfreitags

Heilige Woche –
Aufstieg aus der Dunkelheit des Todes
zum strahlenden Licht des Ostermorgens

Heilige Woche –
Herzstück unseres Glaubens, Feier der Hoffnung
die unser Leben und Glauben prägt und vollendet

Heilige Woche –
Wendepunkt im Leben Jesu, Abstieg und Aufstieg
Neubeginn durch die rettende Gnade Gottes

Heilige Woche –
Wendepunkt auch unseres Lebens.
Auch wir fallen ins Unermessliche, in den Tod

Heilige Woche –
Auch uns erwartet das Unvorstellbare:
der Aufstieg aus der Dunkelheit des Todes

zum strahlenden Licht
unseres Ostermorgens

Brot zum Leben
Nahrungs-Brot, Wohnungs-Brot
Kleidungs-Brot, Liebes-Brot
Versöhnungs-Brot, Hilfe-Brot
Friedens-Brot und Gutes-tun-Brot

Brot zum Leben
Brot für dich und mich
Kraft für den Weg, Stärkung in Bedrängnis
Glück und Sattsein jeden Tag
Brot zum Leben

Brot für jeden
Hoffnung für alle
Gerechtigkeit rund um die Welt
Liebe, die geteilt, verbindet
Brot zum Leben

Brot für jeden
Sei du mir Brot
sei du mir Leben, Glück und Frieden
Lass mich dein Brot sein
Leben, Glück und Frieden

Osterbrote,
Kloster Geghard, Armenien

Ostern –
Fest des Lebens

Denn Gott hat die Welt so sehr geliebt,
dass er seinen einzigen Sohn hingab,
damit jeder, der an ihn glaubt,
nicht zugrunde geht, sondern das ewige Leben hat.
Johannesevangelium 3,16

Ostern ist das zentrale Fest christlichen Glaubens. Denn es geht an Ostern um den Kern der Botschaft von Jesus Christus – ohne Ostern, um ein Wort des Paulus abzuwandeln, wäre der ganze christliche Glaube sinnlos. Das wiederum hat Auswirkungen auf das Leben der Christen. Ostern verändert das Leben, dies soll zum Schluss dieses Buches in fünf Gedanken aufgezeigt werden.

Ostern ist Freiheit

Ostern ist ein Fest der *Befreiung*. Das ist keineswegs nur im Rückblick auf Jesus zu verstehen. Vielmehr gilt der Zuspruch der Befreiung durch Gott allen Menschen ohne Unterschied: Es gibt so vielfältige Dunkelheiten im Leben, Angst und Kummer, Streit und Ärger, Gewalt und Krieg, Ungerechtigkeit und Hass. Ostern bedeutet: Dies alles trägt nicht den Sieg davon, vielmehr werden diese »Karfreitagserfahrungen« durch »Ostererfahrungen« überwunden werden. Es gibt so viel Einsamkeit und Krankheit, so viel Enttäuschung und Verbitterung, so viel Hunger und Elend, so viel Hoffnungslosigkeit und Auswegslosigkeit. Ostern bedeutet: Dies muss nicht so bleiben, Befreiung ist möglich. Es gibt so viele Tode mitten im Leben, nicht nur den Tod am Ende, sondern ständig stirbt etwas in uns, in unseren Beziehungen und Gefühlen, unseren Hoffnungen. Ostern bedeutet: Gegen die kleinen und großen Tode mitten im Leben wird etwas Neues gesetzt, neues Leben bricht auf wie die Morgensonne nach dunkler Nacht. Im Menschen soll die Zuversicht geweckt werden, dass dem Guten im Leben mehr zu trauen ist als dem Bedrückenden.

Wenn es an Ostern um *Freiheit* geht, dann muss das Auswirkungen haben. Dann geht es nämlich an Ostern nicht nur darum, diese Botschaft der Befreiung zu verkünden. Vielmehr muss die von Gott geschenkte Befreiung *gelebt* werden. Das bedeutet christlichen Protest gegen alle Unterdrückung und Lebensfeindlichkeit in der Welt. Das bedeutet den unbedingten Einsatz für das Leben, das Mühen um die Befreiung aus den vielen kleinen Toden von Hunger, Krankheit und Ungerechtigkeit, von Gewalt, Hass und Misstrauen. Christen sind nicht allein Protestleute gegen den Tod, sie tragen durch ihr Handeln konkret dazu bei, dass solche Tode überwunden werden können.

Christen müssen, wenn sie Ostern richtig feiern wollen, deshalb vorangehen im Bemühen um eine Welt, die allen gute Chancen zum Leben und zur Hoffnung auf eine Wende der Not gibt. Wer in diesem Sinne handelt, und das nicht nur an Ostern selbst, der lebt »österlich«.

Ostern ist Hoffnung

Ostern ist ein Fest der unbedingten, grenzenlosen *Hoffnung*. Christliche Hoffnung geht über den Tod hinaus, sprengt jede, auch die letzte Grenze.

Menschen erleben immer wieder Grenzen, Schuld und Versagen, Ohnmacht und Schwäche. Dennoch setzen Menschen darauf, dass die Zukunft eine Verbesserung ihres Lebens mit sich bringt. Sie strecken sich aus nach einem Ende aller Einschränkung und allen Leides, sie hoffen gegen alle Enttäuschungen auf ein gelingendes Leben. Wer hofft, kann

Enttäuschungen mit einer gewissen Gelassenheit entgegentreten, denn er sieht ein Ziel vor sich, das Schwierigkeiten und Probleme überragt. Hoffnung ist somit Freude im Voraus, Freude auf Vollendung und Heilwerden, Freude auf gelingendes und erfülltes Leben.

Allerdings spüren Menschen immer wieder, dass das alles nicht aus eigener Kraft zu erlangen ist, zu begrenzt sind die Fähigkeiten des Menschen. Vor allem kann er nichts gegen die letzte Grenze, den Tod, unternehmen. Die Hoffnung der Christen richtet sich deshalb über menschliche Kraft hinaus. Christen bekennen: Wir setzen unsere Hoffnung auf Gott, der geheimnisvoll das Leben trägt und der durch den Tod hindurch zu neuem Leben und zur Vollendung führt. Christliche Hoffnung entwickelt von da aus eine ermutigende Kraft – sie setzt auf die Zukunft Gottes mit uns Menschen. Christen schauen zurück auf das Geschehen mit Jesus, auf den »Erstgeborenen von den Toten«, aber der Blick in die Vergangenheit ist gleichzeitig der Blick in die Zukunft, der Blick auf von Gott geschenktes Heil.

Ostern heißt deshalb, als Menschen der Hoffnung zu leben und zuversichtlich Schritte in eine gute Zukunft zu tun. Und diese Hoffnung ist deshalb begründet, weil Gott mit den Menschen ist.

Ostern ist Gemeinschaft

Ostern ist ein Fest der *Gemeinschaft*. Es geht an Ostern nicht allein um den einzelnen Menschen und seine persönliche Hoffnung auf Auferstehung, sondern um die Gemeinschaft der Glaubenden. Am Anfang war dies die mutlos gewordene Jüngergemeinschaft, heute ist es die Gemeinschaft glaubender Christen in den christlichen Kirchen. Menschen werden durch Ostern zu einer Glaubensgemeinschaft zusammengeführt, zu einer Hoffnungsgemeinschaft, die einer neuen Perspektive vertraut.

Ostern kann deshalb im Grunde nicht von einem Einzelnen gefeiert werden, sondern ist grundsätzlich mit Gemeinschaft verbunden. Das betrifft nicht allein die Familie und ihr vielfältiges Brauchtum, das Menschen an den Ostertagen zusammenführt. Es betrifft in stärkerem Maße die Feier der Osterliturgie, die nicht allein der persönlichen Frömmigkeit dienen darf, sondern Gemeinschaft unterschiedlicher Menschen zum Ziel hat.

Wer also wahrhaft Ostern feiern will, sollte daher Wert auf gemeinsames Feiern, auf ein gemeinsames Fest, auf Teilen der Osterfreude legen. Gerade Menschen vom Rande der Gesellschaft sollten an Ostern eingeladen werden. Ostern ist so bedeutungsvoll, dass einer allein es nicht gut feiern kann.

Ostern ist Freude

Die christliche Osterbotschaft bringt *Freude*. Nicht allein das aufbrechende Leben im Frühjahr lässt die Menschen aufatmen. Freude, dass der Tod nicht das Letzte ist, sondern, dass es eine Perspektive über den Tod hinaus gibt; Freude, dass die Botschaft Jesu vom menschenfreundlichen Gott am Kreuz nicht untergegangen ist, sondern in der Auferweckung Jesu von Gott ihre Bestätigung fand; Freude, dass nicht Angst und Verzweiflung am Ende des Lebensweges Jesu stehen, sondern Staunen ob des Eingreifens Gottes und dann Lob des Leben schaffenden Gottes: Am Ende wird alles gut, weil das Leben, weil mein Leben in Gottes guten Händen liegt.

Christlicher Glaube und österliche Freude gehören zusammen. Solche österliche Freude kann sich in Liedern und Bräuchen zeigen: festliches Orgelspiel, Glockenklang und Lieder, Bräuche wie Ostereier und Osterwasser, aber auch Blumensträuße mit Frühlingsblumen ... Ein festliches Mahl und Gemeinschaft mit lieben Menschen sind Teil der Osterfreude. All das bereichert das Leben.

Doch gilt die österliche Freude über Ostern und die Osterzeit hinaus: Der Sonntag als Auferstehungstag des Herrn ist das ganze Jahr hindurch ein besonderer Tag der Festes und der österlichen Freude und hebt sich damit von den anderen Wochentagen ab. Christen können an jedem Sonntag Ostern feiern, ja, eigentlich sogar jeden Tag – die ganze christliche Existenz ist eine österliche. Wesentlich für Christen ist das Bekenntnis zum auferstandenen Herrn:»Freut euch allezeit, denn der Herr ist auferstanden, halleluja!« Das macht Ostern aus.

Ostern ist Leben

Ostern ist ein Fest des *Lebens*. Gott schenkt reiches und buntes Leben, und dies nicht nur am Anfang eines Lebensweges, sondern auch am Ende in vollendeter Form. Ostern ist das Bekenntnis dazu, dass der Gott, der den Menschen am Anfang geschaffen hat, auch in der Lage ist, ihn ein zweites Mal nach seinem Tod mit neuem Leben zu beschenken. Ostern bedeutet also nicht allein für Jesus die Überwindung des Todes, sondern stellt eine Lebensperspektive für alle Menschen zu allen Zeiten dar. Das macht die unübertreffliche Bedeutung des Osterfestes aus. Ostern ist das Geschenk des Lebens an alle.

Dass Ostern das Fest des Lebens ist, zeigt sich natürlich im Zusammenhang mit dem beginnenden Frühjahr, mit aufbrechendem neuen Leben nach der Starre und Kälte des Winters. Fast alles österliche Brauchtum greift diesen Gedanken auf: Vom Ei bis zum Hasen, vom Wasser bis zum lebendigen Feuer – immer wieder klingt im Brauchtum der Gedanke des Lebens an. Die Liturgie der Osternacht greift ebenso den Aspekt des Lebens auf, wenn sie die Heilsgeschichte von der Schöpfung über die Väter und Mose als »Lebensgeschichte Gottes mit den Menschen« deutet. Ostern feiert das von Gott geschenkte Leben, das uns in Christus begegnet.

Einer der Schlüsselsätze des Johannesevangeliums (3,16) fasst diesen Gedanken und damit letztlich den Kern von Ostern zusammen: »Denn Gott hat die Welt so sehr geliebt, dass er seinen einzigen Sohn hingab, damit jeder, der an ihn glaubt, nicht zugrunde geht, sondern das ewige Leben hat.«

Du menschenfreundlicher Gott
mitten im Leben begegnest du mir
überall und jeden Tag
verborgen und geheimnisvoll
freundlich und hilfsbereit
mir zugewandt bei allem
was geschieht

Du menschenfreundlicher Gott
mir zugewandt in Jesus, deinem Sohn
unserem Freund und Bruder
der uns zeigte, was wirkliches Menschsein ausmacht
der uns vorlebte ein Leben der Güte und Liebe
ein Leben der Barmherzigkeit und des Friedens
der Hoffnung und Befreiung bis zum Kreuz

Du menschenfreundlicher Gott
miten unter uns in deinem guten Geist
begleite uns auf unserem Weg
unser ganzes Leben hindurch
durch Freude und Glück, durch Leid und Not
durch Enttäuschung und Neubeginn
laß uns nicht allein, sondern schütze uns

Du menschenfreundlicher Gott
ich freue mich an dir
du menschenfreundlicher Gott
ich brauche dich
du menschenfreundlicher Gott
segne und behüte mich
du menschenfreundlicher Gott
halte mich in deiner guten Hand

Das Kreuz Jesu als Weinstock des Lebens,
Kathedrale in Gnesen, Polen

Aus dem großen Osterlob der Liturgie

Dies ist die Nacht,
die unsere Väter, die Söhne Israels,
aus Ägypten befreit und auf trockenem Pfad
durch die Fluten des Roten Meeres geführt hat.

Dies ist die Nacht,
in der die leuchtende Säule
das Dunkel der Sünde vertrieben hat.

Dies ist die Nacht,
die auf der ganzen Erde alle,
die an Christus glauben,
scheidet von den Lastern der Welt,
dem Elend der Sünde entreißt,
ins Reich der Gnade heimführt
und einfügt in die heilige Kirche.

Dies ist die selige Nacht,
in der Christus die Ketten des Todes zerbrach
und aus der Tiefe als Sieger emporstieg.
Wahrhaftig, umsonst wären wir geboren,
hätte uns nicht der Erlöser gerettet.

O wahrhaft selige Nacht,
dir allein war es vergönnt,
die Stunde zu kennen,
in der Christus erstand von den Toten.

Dies ist die Nacht,
von der geschrieben steht:
»Die Nacht wird hell wie der Tag,
wie strahlendes Licht
wird die Nacht mich umgeben.«

Der Glanz dieser Nacht
nimmt den Frevel hinweg,
reinigt von Schuld,
gibt den Sündern die Unschuld,
den Trauernden Freude.
Weit vertreibt sie den Hass,
sie einigt die Herzen
und beugt die Gewalten.

O wahrhaft selige Nacht,
die Himmel und Erde versöhnt,
die Gott und Menschen verbindet.

Bildquellen

Seite 13, 29, 145,153:   Hermann-Josef Frisch

aus Wikipedia Commons:
Umschlag Vorderseite und Seite 9:   L. Kenzel
Umschlag Rückseite: Ralph Hammann
Seite   9:   Julian Nyča
Seite   19:   Dr. Bernd Gross
Seite   67:   Abraham
Seite   91:   Jouko Kaartinen
Seite 113:   Dr. Bernd Gross

Der Autor

Hermann-Josef Frisch, Jahrgang 1947
– Studium Theologie und Sinologie
– zeitweilig Lehrauftrag Fachdidaktik Religion
  an der Universität Bonn
– 225 Buchveröffentlichungen in Theologie,
  Religionspädagogik, Religionswissenschaften
– mehr als 60 teilweise längere Reisen in
  unterschiedlichste Regionen Asiens,
  verschiedene Reisen in andere Kontinente

Bild: der Autor
Foto: Manfred Bönisch, Deisenhofen

Vom gleichen Autor ist bei Books on Demand erschienen:

Kyoto – das Herz Japans

Paläste – Tempel – Schreine – Gärten
Die alte Kaiserstadt Kyoto ist das kulturelle und spirituelle Herz Japans. Mit 1600 buddhistischen Tempeln, 400 Shinto-Schreinen, Palästen und Gärten ist Kyoto überaus reich an Sehenswürdigkeiten. Dieser Band erschließt Kyoto und die japanische Kultur.
240 Seiten, Broschur, 17 x 22 cm
243 Fotos s/w, 232 Fotos Farbe
ISBN Print   9783752891799
ISBN E-Book   9783750459625

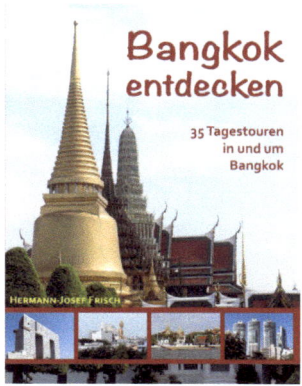

Bangkok entdecken

35 Tagestouren in und um Bangkok
Bangkok, die am Chao Phraya gelegene Hauptstadt Thailands, ist zwar erst 240 Jahre alt, aber eine hoch interessante Stadt, in der sich Tradition und Moderne beeindruckend begegnen. Die Touren führen zu den interessantesten Zielen der Metropolregion.
256 Seiten, Broschur, 17 x 22 cm
145 Fotos s/w, 282 Fotos Farbe, 45 Karten
ISBN Print   9783754374191
ISBN E-Book   9783756297306

Heiliger Krieg
oder Friede auf Erden
Von der Gewalt in den Religionen
Sind die Religionen Ursache von Krieg und Terror? Die Heiligen Schriften der Religionen ebenso wie ihre Praxis sind oftmals höchst irritierend. Das Buch benennt in drei Schritten das vielschichtige Problem, erkundet Ursachen der religiösen Gewalt und zeigt Perspektiven auf, wie sie überwunden werden kann.
162 Seiten, Broschur, 13,5 x 21,5 cm
ISBN Print   9783755709459
ISBN E-Book   9783756245475

Weitergereist

Rituale der Weltreligionen
zu Tod und Begräbnis

Alle Kulturen und Religionen haben Rituale
zum Übergang vom Leben zum Tod und eine
Erinnerungskultur an die Verstorbenen. Der Band
erschließt die Jenseitsvorstellungen und Rituale
der Religionen zu Sterbebegleitung, Begräbnis-
formen und Totengedenken.

240 Seiten, Broschur, 17 x 22 cm
91 Fotos s/w, 109 Fotos Farbe
ISBN Print   9783751951692
ISBN E-Book   9783751965644

Gott neu lernen

Mein Weg mit den Religionen der Welt

Dieses Buch ist die Bilanz eines lebenslangen
Lernprozesses: Die Begegnung mit den Weltreligionen führte zu je neuen und oft überraschenden Aspekten des Glaubens an Gott, den trans-
zendenten Urgrund, den All-Einen mit seinen
vielen »Gesichtern« und Erscheinungsformen.
Ein Buch mit einer weltweiten Sicht.

240 Seiten, Broschur, 13,5 x 21,5 cm
12 Fotos s/w
ISBN Print   9783749484300
ISBN E-Book   9783750483354

Engel bei Paul Klee

Zwischen Himmel und Erde

Paul Klees Engelbilder, am Ende seines Lebens
entstanden, sind Bilder des Menschen, der aus
den »irdischen Niederungen« in die Höhe strebt:
der Mensch zwischen Himmel und Erde.
Die Bilder und Texte dieses Buches eröffnen
Perspektiven der Hoffnung und geben Kraft
für den Lebensweg.

44 Seiten, Broschur, 17 x 17 cm, 10 Farbseiten
ISBN Print   9783754372531

Koran

Botschaft und Anspruch

Der Islam gehört zur deutschen Lebenswirklichkeit. Deshalb ist es wichtig, das Heilige Buch der Muslime, den Koran, zu kennen. Dieses Buch eröffnet Zugänge zum Koran und seiner Botschaft und informiert über Entstehung, Einteilung und Themen. Es kann als Grundlage für einen Dialog der Religionen dienen.

260 Seiten, Broschur, 13,5 x 21,5 cm
7 Fotos Farbe
ISBN Print   9783756228683
ISBN E-Book   9783756290062
Reihe Islam: Band 1

Mohammed

Prophet und Staatsmann

Wer war Mohammed? Dieses Buch vermittelt Informationen über den Propheten des Islam, seinen Lebensweg, seine religiösen Vorstellungen, seine Konzeption eines islamischen Staates und trägt so zu einem differenzierten und vorurteilslosen Blick bei. Es würdigt Mohammed aus abendländischer Sicht.

208 Seiten, Broschur, 13,5 x 21,5 cm
9 Bilder Farbe
ISBN Print   9783756228751
ISBN E-Book   9783756290093
Reihe Islam: Band 2

Muslime

Traditionen und Alltagsleben

Der Islam ist eine Religion, die alle Lebensbereiche der Gläubigen durchzieht. Neben den Grundlagen des Islam werden in diesem Band Einzelfragen beleuchtet: Scharia, islamische Mystik, Politik des Islam in Geschichte und Gegenwart, der islamische Alltag, Feste, Konfliktthemen wie Gewalt und Stellung der Frau.

228 Seiten, Broschur, 13,5 x 21,5 cm
10 Fotos Farbe, 67 Fotos s/w
ISBN Print   9783756228775
ISBN E-Book   9783756290086
Reihe Islam: Band 3

Weihnachten

Da hat der Himmel die Erde berührt

Was feiern wir eigentlich an Weihnachten?
Dieses Buch eröffnet in leicht verständlicher
Sprache Zugänge zu Herkunft und Botschaft
des Festes. Es informiert über das vielfältige
Brauchtum in Deutschland und anderen Ländern. Von solchen Informationen ausgehend
ermuntert der Band zu einer zeitgemäßen
Feier von Weihnachten.
160 Seiten, Broschur, 13,5 x 21,5 cm,
11 Farbbilder
ISBN Print 9783756228416   + E-Book

Ostern

Auf uns wartet das Leben

Was feiern wir eigentlich an Ostern? Dieser
Band erläutert Herkunft und Botschaft des
wichtigsten christlichen Festes. Angefangen
bei den biblischen und historischen Grundlagen bis hin zu den bekannten Bräuchen
eröffnen diese Informationen Perspektiven zu
einer zeitgemäßen und verantworteten Feier
von Ostern.
160 Seiten, Broschur, 13,5 x 21,5 cm
10 Farbbilder
ISBN Print 9783756229277   + E-Book

Symbole und Rituale der Weltreligionen

Wie Menschen dem Unendlichen begegnen

Die Weltreligionen nutzen viele Symbole
und haben Rituale für Alltag wie Feste
entwickelt, mit denen sie Menschen
zusammenführen. Solche Symbole und
Rituale sind über die Religionen hinweg
oft sehr ähnlich. Eine faszinierende Entde-
ckungsreise in die Welt der Religionen.
220 Seiten, Broschur, 17 x 22 cm, 181 Farbbilder
ISBN Print   9783756258413
ISBN E-Book   9783756863891